# LES

# VACANCES D'UN MÉDECIN

## 1888

### JÉRUSALEM

Le Caire. — Damas. — L'Égypte.
La Palestine. — La Syrie.

# OUVRAGES DU MÊME AUTEUR

---

**Leçons cliniques sur les maladies de la peau.** 1 vol. in-8 de 700 pages............................................................. 8 fr.

**Nouvelles leçons cliniques sur les maladies de la peau.** 1 vol. in-8 de 826 pages ....................................., 10 fr.

**Nosographie et thérapeutique des maladies de la peau.** 1 vol. in-8 de 359 pages ......................................... 6 fr.

**Traité pratique des maladies de la peau, diagnostic et traitement.** 1 vol. in-8, de 392 pages........................ 6 fr.

**Traité clinique et pratique des maladies des femmes.** 1 vol. in-8 de 440 pages ......................................... 6 fr.

**Les Vacances d'un médecin** (1re série) : les Pyrénées; les Alpes; Constantinople; l'Italie; la Bretagne; la Suisse; la Belgique; le Dauphiné; la Grande-Chartreuse.................... 3 fr.

**Les Vacances d'un médecin** (2e série) : un mois au delà des Alpes; l'Italie; la Sicile............................... 3 fr.

**Les Vacances d'un médecin** (3e série) : la Suisse; le Tour du mont Blanc; le Grand Saint-Bernard; Jolimont; Viélaines. 3 fr.

**Les Vacances d'un médecin** (4e série) : l'Allemagne; la Russie; la Tartarie; le Volga; la Pologne; Vienne; Strasbourg. 3 fr.

**Les Vacances d'un médecin** (5e série) : Danemark; Suède; Norvège, Laponie................................... 3 fr.

**Les Vacances d'un médecin** (6e série) : la Moselle; le Rhin; l'Elbe; le Danube; l'Adriatique; le Tyrol; les premières communions à la Légion d'honneur de Saint-Denis........ 3 fr.

**Les Vacances d'un médecin** (7e série): l'Espagne; le Portugal. 3 fr.

**Les Vacances d'un médecin** (8e série) : Constantinople ; Asie Mineure; Grèce; Italie; Lucie....... ................. 5 fr.

3138-89. — Corbeil. Imprimerie Crété.

# LES VACANCES D'UN MÉDECIN

PAR

M. LE D<sup>r</sup> E. GUIBOUT

EX-MÉDECIN DE L'HOPITAL SAINT-LOUIS
MÉDECIN HONORAIRE DES HOPITAUX DE PARIS
CHEVALIER DE LA LÉGION D'HONNEUR, ETC.

NEUVIÈME SÉRIE

## 1888

### JÉRUSALEM

Le Caire — Damas — l'Égypte
la Palestine — la Syrie

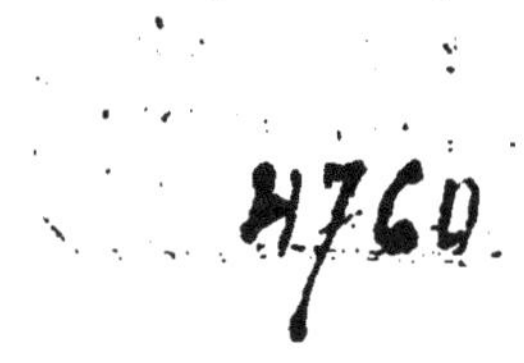

## PARIS

G. MASSON, ÉDITEUR

LIBRAIRE DE L'ACADÉMIE DE MÉDECINE
120, Boulevard Saint-Germain, en face de l'École de Médecine

—

1889

A LA MÉMOIRE

CHÈRE ET VÉNÉRÉE

## DE MON PÈRE, DE MA MÈRE

ET

## DE MA TANTE FÉLICITÉ GUÉLON

MA MARRAINE !

Les religieux enseignements, les pieux exemples, les lectures sérieuses qui ont édifié et nourri mes jeunes années, ont été la première inspiration de ce voyage.

E. GUIBOUT.

# A

## MA CHÈRE PAULINE

LA VAILLANTE COMPAGNE DE TOUS MES VOYAGES !


Sa foi chrétienne a soutenu son courage et lui a donné
des forces dans les plaines brûlantes et les rudes et pé-
rilleux sentiers de la Palestine.

E. GUIBOUT.

Λ

# MON FRÈRE PAUL

ami sincère !

Amitié sincère !

E. GUIBOUT.

# AVANT-PROPOS

# AVANT-PROPOS

« Voici le plus grand, le plus intéressant de tous nos voyages », disions-nous, l'année dernière, à la première page de la huitième série des *Vacances d'un médecin*. Nous avions visité Rome, Athènes, Constantinople, Brousse, Smyrne, Corfou, Naples, Florence, le Saint-Gothard! Si ce fut, en effet, un beau et magnifique voyage, que dirons-nous de celui que nous avons fait cette année? la *Syrie*; la *Palestine;* l'*Égypte; Damas; Jérusalem;* le *Caire!*

Damas, *la perle de l'Orient*, la reine de l'Asie Mineure, au milieu d'un véritable paradis terrestre, qui a su conserver intacte, sans mélange, et dans toute sa pureté d'autrefois, sa physionomie arabe, originale et primitive des anciens temps! le Caire, cette grande capitale, baignée par le Nil, cette ville idéale aux quatre cents mosquées, aux jardins enchanteurs, à la fois orientale et occidentale, où le ciel est toujours bleu, où le luxe moderne s'est allié aux mœurs, aux allures de la plus vieille civilisation, et côtoie les merveilleux monuments, les trésors artistiques de l'antiquité la plus reculée?

Mais si intéressantes, si magnifiques, que soient ces villes, et quels que soient leurs attraits et leur renommée, que sont-elles, et comme elles pâlissent et s'effacent à côté de Jérusalem ! Sans doute, elles nous ont donné de vives impressions, et laissé de splendides, de ravissants souvenirs ; mais tout autres sont les impressions et les souvenirs de Jérusalem : il y a là quelque chose qui ne peut ni se définir, ni s'expliquer, et qu'on ne trouve nulle part ailleurs ; c'est comme une vision céleste, comme un rayon d'un monde surnaturel et divin ; l'âme y est pénétrée par des émotions inconnues jusque-là, d'un ordre à part, et tout à fait nouveau ; aussi Jérusalem reste la grande, l'incomparable émotion, le bonheur, et l'ineffable souvenir, non pas seulement de ce voyage, mais de toute notre vie et nous pouvons dire, comme les Israélites, captifs à Babylone : « *Adhæreat lingua* « *mea faucibus meis, oblivioni detur dextera mea, si non* « *meminero tuî, si non proposuero te, Jerusalem, in prin-* « *cipio lætitiæ meæ.* Que ma langue soit muette, et ma « main droite sans mouvement, si je t'oublie jamais, « ô Jérusalem, et si tu n'es pas toujours la première « et la plus grande de mes joies !... »

# DE PARIS A ALEXANDRIE

## AVIGNON — ARLES — MARSEILLE — LE SAÏD

# DE PARIS A ALEXANDRIE

## AVIGNON — ARLES — MARSEILLE — LE SAÏD

Le mercredi, 12 septembre, ma chère Pauline et moi, nous montions en wagon, en recevant les souhaits affectueux de notre bon frère Paul, tous les ans, coutumier du fait, et de notre ami M. Dufrénoy, qui, lui aussi, avait voulu assister à notre départ.

La vapeur nous emporte à toute vitesse ; à une heure du matin, nous touchons Dijon ; à trois heures, Mâcon ; à quatre heures, Lyon ; à huit heures, Avignon ; là, profitant de l'arrêt facultatif à toutes les stations, que nous permet notre billet, nous quittons le train.

L'aspect de la ville est pittoresque ; elle s'élève sur la rive gauche du Rhône, en amphithéâtre, couronnée par le château des Papes, et par la flèche élancée de sa cathédrale. Nous passons, en omnibus, devant un square, au centre duquel est placée la statue en bronze de Philippe de Girard, né en Vaucluse, l'habile mécanicien, l'ingénieux inventeur de la machine à filer le lin, qu'il vulgarisa, et fit connaître à Paris, en 1813.

On arrive à la principale rue de la ville, par une avenue plantée d'arbres, aboutissant à une place ornée de la statue de Crillon, ce grand capitaine, ce valeureux guerrier qu'Henri IV appelait *le brave Crillon*, et qui mourut à Avignon en 1615.

A part cette rue, belle et large, toutes les autres, mal bâties, sont étroites, tortueuses, sales, et pavées de galets fournis par le lit du Rhône, cailloutis aigu, raboteux, torture pour les pieds, désastre pour la chaussure. A l'hôtel de l'*Europe*, le grand hôtel de la ville, où descend, en même temps que nous, l'apôtre du divorce, le citoyen *Naquet*, respectueusement salué du nom de *Monsieur le Sénateur*, nous faisons un excellent déjeuner; puis, sous la conduite d'un guide, nous montons au palais des Papes, siége, résidence et propriété des Souverains Pontifes, depuis le Pape Clément V, en 1309, jusqu'à la fin du grand schisme, en 1411, aujourd'hui, simple caserne; *quantùm mutatus ab illo !* vaste construction de forme carrée, semblable à une forteresse dominée par sept grosses tours; défigurée à l'extérieur, et plus encore, nous dit-on, à l'intérieur; les peintures, les mosaïques y ont été recouvertes de badigeonnages à la chaux; les appartements pontificaux, les salles consistoriales sont transformées en chambrées, en dortoirs, en salles d'armes.

La cathédrale, *Notre-Dame-des-Doms*, est contiguë au palais des Papes, dont elle était une dépendance; c'est une église de troisième ordre, surmontée d'une flèche de pierre, piédestal aérien d'une vierge colossale, qui plane de bien haut sur la ville, et sur un vaste et magnifique horizon. Dans une des chapelles nous remarquons la pierre tombale de Mgr Debelay, évêque de Troyes, avant qu'il ne fût promu à l'archevêché d'Avignon.

Nous continuons à monter, en dépit d'une chaleur accablante; nous gravissons des allées sinueuses, à travers d'épais massifs d'arbres et d'arbustes de toutes les essences, c'est la *promenade des Doms;* très belle promenade, mais grimpante et fatigante; elle nous a rappelé le *Monte Pincio* de Rome. Du sommet de la colline, un immense et magnifique tableau se déroule : d'un côté, la ville tout entière, et le mont Ventoux, qui s'élève à une altitude de 2,000 mètres; de l'autre, toute la vallée du Rhône, avec toutes les îles que le fleuve embrasse dans son large cours, le fameux *pont d'Avignon*, qui n'est plus qu'une ruine, qu'un misérable tronçon, qui d'ailleurs n'a jamais été qu'un mesquin viaduc, qu'une étroite passerelle, ridiculisée par la chanson ironique de la *danse en rond.* De ce point culminant, les yeux charmés découvrent, embrassent, à la fois, cinq départements, et se promènent en même temps, dans le Vaucluse, dans l'Ardèche, dans le Gard, dans la Drôme, dans les Bouches-du-Rhône, se touchant dans un même horizon, aboutissant à la même perspective, réunis dans un même et splendide panorama.

En descendant, nous visitons l'église de Saint-Agricol, le patron d'Avignon; nous y trouvons un tableau et le tombeau de Mignard, notre illustre compatriote, né à Troyes en 1610, mort en 1695.

La *promenade des Doms* est le seul véritable attrait

d'Avignon, ville mal tenue, mal bâtie, dont nous sommes sortis harassés de chaleur et de fatigue.

A midi et demi, nous reprenons le chemin de fer, que nous quittons à une heure et demie, à la station d'*Arles*; l'atmosphère est lourde et brûlante ; une voiture nous est indispensable pour visiter la ville ; heureusement il y en a une, mais une seule; nous nous y précipitons, comme le vautour sur sa proie, comme le chat sur la souris, et par un large boulevard, planté de quatre rangées d'aliziers, nous arrivons aux *Alyscamps*, ou *Champs-Élysées*, belle allée bordée d'arbres, qui abritent de leur ombre une double ligne de tombeaux. Les uns datent de l'occupation romaine ; les autres, des premiers siècles de l'ère chrétienne, comme l'indiquent les croix sculptées sur leur face principale; cette allée funéraire se termine à la petite église romane de *Saint-Honorat*, évêque d'Arles au vᵉ siècle.

Au sortir des Champs-Élysées, où sont conservés ces précieux restes de l'antiquité chrétienne, on nous conduit à l'amphithéâtre romain ; nous y voyons les gradins, en demi-cercle, des spectateurs, les places de l'empereur et des grands personnages, et, debout à l'entrée de la scène, deux belles colonnes intactes, et deux autres à demi brisées; comme tout cela est curieux et intéressant! mais ce ne sont pas encore les Arènes; elles sont plus loin; notre voiture nous y mène. Beaucoup moins grandes, mais mieux conservées que le Colysée de Rome, plus vastes que les Arènes de Nîmes. 25,000 spectateurs peuvent encore s'y asseoir, pour assister aux combats, aux courses des taureaux de la Camargue, émouvants spectacles dont se repaissent fréquemment les Arlésiens.

Des Arènes, nous allons à la grande et remarquable église de *Saint-Trophime*, disciple de saint Paul, et premier évêque d'Arles. Le portail est enrichi de statues, de bas-reliefs, de sculptures des Xe, XIe, et XIIe siècles. A l'église est annexé le fameux cloître, vaste quadrilatère, dont la voûte a pour appui les plus légères et les plus gracieuses colonnettes : leurs chapiteaux sont fouillés avec une délicatesse et un art qu'on ne saurait trop admirer.

A trois heures et demie nous sommes de retour au chemin de fer. Nous avons vu Arles comme on peut le voir en si peu de temps; hélas! trop superficiellement, assez bien cependant pour garder un précieux souvenir de ses antiquités, et pour avoir pu constater, en passant, que la réputation de beauté dont jouissent ses femmes est souvent méritée; noble et belle tête à type grec, à cheveux noirs et grands yeux noirs, largement ouverts, sur une physionomie d'un caractère à la fois doux et fier. De toutes les villes de France qui nous avons visitées, Arles et Nîmes sont les plus riches en monuments de l'occupation romaine.

Le train de Marseille est en gare; nous partons; la Provence se déploie avec son cachet, sa végétation et ses couleurs; ses vastes horizons ensoleillés, ses rochers nus, ses champs d'oliviers, de figuiers, de mûriers, d'amandiers, ses immenses étangs de Berg, invasion de la Méditerranée dans les terres, qui s'embrasent, au soleil couchant, de feux si étincelants que les yeux ont peine à en supporter l'éclat.

A six heures, nous sommes à *Marseille*, et bientôt après au nouvel et excellent hôtel *Terminus*, attenant à la gare. Nous y avons bon accueil, bonne table et bons lits, bien garnis et enveloppés de vastes et impénétrables moustiquaires.

Le vendredi matin, 16 septembre, de bonne heure, nous étions en voiture, revoyant Marseille avec un plaisir tout nouveau; c'est qu'en effet Marseille est une ville superbe; ses rues de la Cannebière, de Saint-Féréol, et d'autres encore ressemblent aux plus belles rues de Paris; leurs tentures mouvantes et bariolées de toutes les couleurs, qui abritent leurs riches magasins contre les ardeurs du soleil, leur font comme une parure de fête. Les allées de Meillan ont d'aussi beaux ombrages, une animation, une gaieté aussi vives, aussi bruyantes que la fameuse *Rambla* de Barcelone. Les longues allées du *Prado*, avec leurs énormes platanes, et leurs somptueuses villas, avec les jardins, les pelouses, les massifs d'arbustes et de fleurs du château Borelli, en vue de la mer, sont une incomparable promenade. Aucune des fontaines de Paris n'a l'imposante et pittoresque grandeur des cascades de la Durance, dont les eaux tombent en nappe large et abondante, dans un bassin profond, d'où elles se distribuent dans la ville.

L'église gothique-moderne de Saint-Vincent-de-Paul a deux flèches de pierre, élégantes et hardies, des nefs élancées et spacieuses, des vitraux et des rosaces, dont le dessin et le coloris sont dignes des xiii° et xiv° siècles. La cathédrale, du style néo-byzantin, s'élève majestueusement au bord de la mer; ses deux tours, ses quatre coupoles, au couronnement d'or, sont du plus splendide effet. A l'intérieur, ses mosaïques, ses colonnes de marbre rappellent Saint-Marc de Venise, et la cathédrale de Montréal auprès de Palerme. Cette vaste et superbe église, commencée sous Napoléon III, et dont l'ornementation intérieure n'est pas encore terminée, est, nous le croyons du moins, le monument religieux le plus beau, le plus grandiose, le plus considérable que notre siècle ait élevé, et dont il puisse s'honorer ; que notre gouvernement actuel le comprenne, et qu'il en active le complet et magnifique achèvement!

Vers deux heures après midi, nous allons au paquebot, *le Saïd*, des Messageries maritimes, sur lequel une cabine nous avait été retenue, depuis quinze jours à Paris, par la Compagnie Cook, dont nous ne saurions trop recommander les prévenances, l'habile et intelligente organisation ; chacun de nos voyages nous en fait de plus en plus apprécier les mérites et les avantages.

Au moment du départ pour un pays lointain, le pont du navire est encombré d'une foule animée et bruyante ; tout à coup, à un signal donné, la scène change ; cette foule devient morne, silencieuse, expansive ; on se presse les mains, on s'embrasse, on s'embrasse encore, on pleure, on sanglotte ; tous les chagrins, tous les déchirements de la séparation, toutes les tendresses des adieux et de l'amitié s'expriment des manières les plus touchantes. A un second signal, il faut, bon gré, mal gré, se quitter : parents et amis descendent tristement l'échelle, et, du quai, en signe de dernier adieu, agitent chapeaux et mouchoirs.

Le *Saïd* s'ébranle, il secoue la mer de sa puissante hélice, on part... A ce moment, des cris aigus, déchirants retentissent sur le quai ; c'est la douleur dans ce qu'elle a de plus affreux, de plus poignant, c'est le désespoir avec toutes ses violences et ses fureurs : une malheureuse jeune femme se débat contre ceux qui l'empêchent de se jeter à la mer... l'infidèle, en qui elle avait eu foi, l'abandonne, il s'est embarqué clandestinement... pauvre femme, nous la voyons se rouler à terre... c'est navrant, c'est horrible !...

Cependant le paquebot s'éloigne, et la rade de Marseille, éclairée par un soleil étincelant, se déploie dans sa magnifique beauté : l'église de Notre-Dame-de-la-Garde, du haut de son rocher, plane sur la ville, comme l'étoile de la mer et du salut ; le palais impérial, devenu un hôpital, la cathédrale, ses hautes tours et ses coupoles dorées, le port et tous ses navires, le golfe et toutes ses îles, le château d'If et les montagnes environnantes, forment un splendide tableau dont l'ensemble et les détails sont du plus merveilleux effet.

Partis de Marseille le vendredi 14, dans l'après-midi, nous ne sommes arrivés à Alexandrie que le jeudi matin suivant ; voici quels ont été les principaux incidents de cette navigation de six jours, sans aucune relâche, et par un temps constamment beau.

Le samedi 15, nous suivons de très près, et pendant plusieurs heures, les côtes occidentales de *la Corse;* ses hautes montagnes, neigeuses jusqu'en mai, se dessinent, à nos yeux, avec leurs cimes aiguës et dentelées. Nous passons au pied de *Bonifacio*, bâtie sur un rocher, excavé par la mer. On nous montre les écueils sur lesquels, en 1856, à son retour de Crimée, s'est brisée et perdue corps et biens la frégate *la Sémillante :* officiers, soldats, équipage, chevaux, tout fut englouti ; en souvenir de cet épouvantable désastre, un monument religieux a été construit sur ces rochers inabordables et meurtriers. Un peu plus loin, l'île se termine en pointe, formée de dentelures rocheuses, et séparée de l'extrémité de la Sardaigne, également abrupte, découpée, hachée et rocheuse, par une distance d'une demi-lieue environ ; c'est le détroit de *Bonifacio* que nous traversons. Avant de retrouver la pleine mer, nous apercevons un îlot, à peine détaché de l'extrémité de la côte orientale de la Sardaigne ; c'est l'île de *Caprera*, patrie de Garibaldi ; nous avons pu voir, très distinctement isolée, au bord de la mer, la maison de ce personnage révolutionnaire et tristement célèbre.

Le dimanche, 16, dans l'après-midi, nous passons au milieu du groupe des sept îles *Lipari*. A notre gauche, le volcan *Stromboli* s'élève, sous la forme d'un cône, couvert, à sa base, d'habitations et de verdure, et couronné, à son sommet, d'une gerbe de fumée blanche. A notre droite, un autre volcan, le *Vulcano*, se signale par l'épaisse colonne de fumée qui s'en dégage.

Deux heures plus tard, nous entrons, entre ces deux écueils si redoutés dans l'antiquité, *Charybde* et *Scylla*, dans le détroit de *Messine ;* nous admirons, pour la troisième fois, ses délicieux rivages. Nous revoyons, sur le côte italienne, *Aspromonte*, où Garibaldi débarqua, pour aller s'emparer de Naples ; sur la côte sicilienne, *Messine*, que nous avions visitée en 1882, et, sur la rive opposée, *Reggio*, où nous avions abordé la même année, en quittant la Sicile. Le lundi, 17, la pleine mer, rien que le ciel et l'eau. Le mardi, 18, dans la matinée, nous côtoyons l'île de *Candie*, appelée autrefois l'île de *Crète*, patrie et royaume de Minos, législateur et juge des Enfers, époux de Pasiphaë, et fils de Jupiter et d'Europe ; le mercredi, 19, la mer et son immensité, aussi bleue, aussi calme, aussi limpide que le firmament.

Levers et couchers de soleil, de pourpre et d'or, incendies, embrasement de l'orient et de l'occident, gerbes de flammes, projections ardentes, jaillissant dans les airs, illuminant les espaces, confondant le ciel et l'eau dans les mêmes foyers, dans les mêmes lueurs de feu ; la nuit, scintillement de millions d'étoiles, au milieu desquelles brille, d'un doux et majestueux éclat, la lune, dont les rayons se reflètent sur l'eau, en vastes surfaces lumineuses, en longues traînées d'étincelles de cristal et de diamant ; spectacle indescriptible et merveilleux, qui, à lui seul, eût fait le charme de notre navigation.

Nous trouvions, dans les passagers, une société aussi choisie qu'intéressante et variée; c'étaient des habitants de l'Égypte qui, venus en Europe pour y passer la saison la plus chaude, s'en retournaient au Caire, à Louqsor, à Thèbes, à Assouan; c'étaient des prêtres, appartenant à différents ordres, qui partaient pour leurs missions lointaines du centre de l'Asie et de l'Afrique; des frères des écoles chrétiennes, sous la conduite du frère Raphaëlis, assistant du supérieur général, un des hommes les plus vénérables, une des plus belles têtes de vieillard qu'on puisse voir : deux sœurs de saint Vincent de Paul, à destination d'A-lexandrie, deux anges de douceur, de grâce et de piété; c'étaient des savants, M. Victor Baccus, professeur à l'école normale du Caire; M. Georges Daressy, conservateur adjoint du musée de Boulak, au Caire. Pourrions-nous ne pas parler de l'aimable M. Jean Pesmaoglu, banquier à Alexandrie et au Caire, qui nous fit passer, dans ces deux villes, de si agréables instants, après avoir si bien égayé notre traversée par son entrain et son remarquable talent de prestidigitation?

Pour nous soustraire à la chaleur de notre cabine, nous couchons, le mercredi, 19, sur le pont, tant la brise de mer est douce et bienfaisante, et tant nous nous sentons irrésistiblement retenus par le charme de cette nuit d'Orient, et de ce clair de lune, véritablement féerique, que l'on voudrait toujours voir, et que l'on n'a jamais assez vu. Si les cabines étaient trop chaudes, en revanche, la table ne laissait rien à désirer ; elle était abondamment pourvue des mets les mieux préparés, dont nous pouvions lire l'appétissante nomenclature sur des menus, artistement encadrés de dessins, qui nous donnaient un avant-goût de l'Orient.

# L'ÉGYPTE

# L'ÉGYPTE

A *Viélaines*, dans mon humble village, pendant les longues soirées d'hiver, lorsque, dans mon enfance, mon père nous lisait, à ma sœur Mélanie, à mon frère Paul et à moi, dans l'*Histoire ancienne* de Rollin, la description de l'Égypte, de ses monuments immenses, des prodigieux travaux de ses rois, pouvais-je penser qu'il me serait jamais donné de visiter ce pays merveilleux? pouvais-je avoir l'idée qu'un jour je me baignerais dans le Nil, où 1700 ans avant Jésus-Christ, Moïse petit enfant aurait trouvé la mort, si son berceau n'eût été recueilli et sauvé des eaux par la fille de Pharaon? dans le Nil, ce fleuve légendaire, aux débordements périodiques et fécondants, habité par les caïmans et les crocodiles, et dont les sources, inconnues ou problématiques, sortent de lacs inabordables, inconnus eux-mêmes, et perdus au milieu des déserts brûlants de l'Afrique centrale? pouvais-je croire que je grimperais au sommet de la plus haute des pyramides, que je pénétrerais dans ses profondeurs, dans ses noires et anfractueuses cavités? que je verrais ce qui reste des temples des palais des Pharaons, et leurs gigantesques tombeaux, encore et toujours debout? Si j'eusse fait alors ce rêve

prétentieux, insensé, c'eût été comme un délire de
fièvre, et pourtant ce rêve est, aujourd'hui, une réalité !... mais cette réalité est, elle-même, comme un
rêve, tant elle est extraordinaire et fantastique !

Quel contraste en effet avec les brouillards de la
Seine ! avec les brumes épaisses, humides et morfon-
dantes de notre climat parisien !... ce ciel d'Orient,
d'un bleu toujours sans nuages ; cette atmosphère
toujours pure et diaphane ; ces teintes chaudes et dorées qui colorent, qui éclairent les espaces d'une
éblouissante et incomparable lumière : ces nuits idéa-
les et féériques, d'une si ravissante fraîcheur, calmes,
limpides et lumineuses, où la lune est de feu, où le
firmament brille, scintille, étincelle avec un éclat
qu'on ne peut se lasser d'admirer ; ces levers, ces couchers de soleil qui embrasent les horizons... Est-il
bien sûr que nous les avons réellement vus, que ce
sont de vrais souvenirs, de véritables réalités, et non
pas un rêve, une chimère, une illusion, un mirage
enivrant, mais imaginaire et trompeur ?

— Voilà ce qu'au retour de l'Égypte on peut se
demander, tant les impressions y ont été vives, sai-
sissantes, imprévues !

Ici, c'est le désert avec ses solitudes, ses caravanes
de chameaux, ses sables arides et brûlants, ses lointains indéfinis, vagues et ensoleillés ; là, c'est une
végétation aux types les plus divers, exotique et
luxuriante : lianes délicates et flexibles ; bambous
élancés, droits et vigoureux ; fougères arborescentes ;
jasmins embaumés, goyaviers, dattiers, cactus diffor-

mes, contournés sur eux-mêmes, aux raquettes épineuses et bordées d'une couronne de fleurs; palmiers dont la tête altière, élégante et touffue domine gracieusement cette nature d'aspect si varié, au milieu de laquelle les yeux étonnés rencontrent, à côté des ruines, l'obélisque d'Héliopolis, la colonne de Pompée, les trésors artistiques de Boulak, des sphinx monstrueux, les pyramides, créations étranges, colosses stupéfiants, vestiges d'une race de géants et d'une civilisation éteinte, mais dont la force et la puissance ont bravé les ravages du temps, et se survivent par des monuments impérissables.

Tout près de ces grandeurs du passé, voici le canal de Suez! trait d'union entre l'Europe et l'extrême Orient, audacieux et magnifique ouvrage du *Grand Français* M. de Lesseps, une de nos gloires nationales. Et çà et là, quels tableaux bizarres, riants et pittoresques!... les coupoles, les minarets des mosquées! les chants aériens des muezzins! des jardins ombreux et fleuris! des échappées de vues sur le désert, sur les rives du Nil, sur des palais de tous les styles! des âniers, des *fellahs*, des nègres du Darfour et du Soudan, à moitié nus, et dont la noirceur ressort sur quelques loques blanches ou bleues, leur unique vêtement! des femmes, des courtisanes, des almées, à demi voilées, à la démarche vive ou langoureuse, drapées dans des étoffes flottantes, aux formes, aux couleurs les plus singulièrement agencées.

Mais comment essayer de dessiner un tableau sommaire et d'ensemble, un aperçu général et synoptique de la basse Égypte, cette vallée à nulle autre semblable resserrée entre le désert lybique et le désert arabique, arrosée, fertilisée par le Nil, et par une multitude de canaux d'irrigation qui en dérivent? les deux grands bras du fleuve y forment un triangle, au delta, dont ils sont les deux côtés, la base étant au rivage méditerranéen, entre Alexandrie, Rosette et Damiette, et le sommet, voisin du Caire, de Memphis et des pyramides. A l'est et à l'ouest de cette zone féconde, où l'art, la nature et l'histoire ont réuni tant de richesses, pour le charme de l'esprit et des yeux, c'est le désert!... ses sables, ses monticules, ses perspectives immenses, monotones, d'un jaune lumineux et grisâtre, environnent le Caire et des villes, en ruines aujourd'hui, qui s'appelaient autrefois Memphis, Héliopolis !

Tel est le pays auquel nous avons voulu consacrer une partie de nos vacances de cette année, il avait pour nous de puissants attraits : son beau ciel, son fleuve fameux à tant de titres, ses ruines, ses monuments, ses souvenirs historiques et bibliques.

Joseph y reçoit, à la cour de Pharaon, ses frères et son père Jacob !... Moïse entend la voix du Seigneur, au Sinaï, dans le buisson ardent de la montagne d'Horeb ; il délivre les Israélites du joug oppresseur de Pharaon, et traverse, à la tête de 600,000 Hébreux, la mer Rouge, dont les eaux se retirent, s'écartent, et lui livrent un libre passage. Les grandes dynasties royales des Pharaons, des Aménophis, des Ramsès, des Sésostris font de gigantesques travaux, creusent des canaux et des lacs, bâtissent les pyramides, taillent, dans le granit, les obélisques, qui, trois mille cinq cents ans plus tard, orneront les places publiques de Rome, de Paris, de Londres, de New-York, créent partout des objets d'art magnifiques et grandioses, des statues de divinités, de rois, et de guerriers, des sphynx, des tombeaux, des sarcophages, que se disputent tous les musées d'Europe, et dont les bords du Nil nous montrent d'admirables spécimens, découverts, rappelés au jour, et réunis par Mariette Bey, Français aussi savant qu'investigateur ingénieux, et artiste consommé.

A toutes les époques, l'Égypte produit ou accueille des illustrations de tous les genres : avant Jésus-Christ, c'est Hérodote, surnommé le *père de l'histoire*, qui vient s'initier à ses coutumes, à ses mœurs, et décrire ses monuments; c'est Platon, qui, à Memphis, étudie les livres *hermétiques;* c'est Ptolémée Soter, fils de Lagus, roi belliqueux et conquérant, et en même temps savant et zélé protecteur des lettres, des arts et des sciences; nous voyons, à sa cour, Euclide le célèbre mathématicien, et Archimède, qui parvient à dessécher les marécages du Nil. Sous l'ère chrétienne, ce sont les solitaires de la Thébaïde, saint Antoine, saint Paul l'Ermite, saint Pacôme; les docteurs de l'Église grecque, Origène, saint Athanase, saint Clément d'Alexandrie!... les plus grands hommes de tous les temps y marquent leur passage; nous y rencontrons Alexandre le Grand, le fondateur d'Alexandrie; Jules César, qui ceint de la couronne de reine le front de Cléopâtre; saint Louis, qui, dans la septième croisade, s'empare de Damiette, et le vainqueur d'Aboukir et des Pyramides, celui qui n'était encore que Bonaparte, avant de s'appeler Napoléon!

# ALEXANDRIE

## LE CANAL MAHMOUDIÉ — LA COLONNE DE POMPÉE
## RAMELEH — ABOUKIR

# ALEXANDRIE

## LE CANAL MAHMOUDIÉ — LA COLONNE
## DE POMPÉE — RAMELEH — ABOUKIR

Le jeudi, 20, à 6 heures du matin, le paquebot
s'arrête dans le port et au quai d'Alexandrie. Quel
coup d'œil! une foule immense est là, de tous les
types, de toutes les couleurs, de tous les costumes.
Comme un fleuve qui a rompu ses digues, elle se
précipite et envahit le pont; c'est une nuée de vautours, d'oiseaux de proie qui fond sur les voyageurs,
se saisit de leurs bagages, se les dispute, se les arra-
che: ce sont des luttes, des poussées, des cris, des
violences à épouvanter les cœurs les plus solides.
Mais au milieu de cette affreuse bagarre nous distinguons un homme, d'une haute stature, dont la tunique brune porte, brodé en or, le nom de Cook;
trois ou quatre individus, ayant le même nom de
Cook, inscrit en gros caractères sur la poitrine, le
suivent; voilà notre salut; c'est nous qu'il attend;
une dépêche télégraphique de Paris l'a prévenu de
notre arrivée; il nous cherche, nous appelle par notre
nom, prend Pauline par le bras, fait filer devant lui

ses gens chargés de nos colis, et nous installe dans une voiture qui nous mène, sans frais aucun, à l'hôtel *Abbat*, le meilleur hôtel.

Alexandrie est une grande et superbe ville de 250,000 âmes. Les traces du bombardement des Anglais, en 1882, ont à peu près complètement disparu. Elle a été reconstruite plus belle, plus magnifique qu'auparavant. Ses rues droites et spacieuses, pavées, comme les rues d'Italie, de larges dalles de granit, toujours soigneusement arrosées, sont bordées de luxueux magasins, de splendides maisons, de palais princiers; sa place *des Consuls* est assurément une des plus vastes et des plus imposantes que nous connaissions; à son centre, s'élève la statue équestre, et en bronze, de Méhémet-Ali, cet illustre vice-roi, qui a laissé en Égypte d'impérissables souvenirs.

Mais ce n'est point à ces titres, quelque remarquables qu'ils soient, qu'Alexandrie nous a, surtout, intéressés. Son grand attrait a été, pour nous, ce que nous pouvons appeler sa couleur locale, son cachet oriental. Son ciel idéalement beau, la physionomie étrange, bigarrée de ses habitants; ces hommes n'ayant, pour tout vêtement, qu'une chemise blanche, jaune, verte ou rouge; ces Arabes, fièrement drapés dans leur burnous, un long fusil en bandoulière, et la tête enrubannée d'un turban, dont le fond rouge ou noir est entouré de torsades blanches, ou d'une corde en poils de chameau; ces mendiants, dont les chairs nues apparaissent à travers leurs loques mal ajustées ; ces soldats égyptiens, au fez rouge et tout vêtus de blanc, d'une tenue sévère et irréprochable ; ces petits ânes, *les fiacres* du pays, courant, galopant, sous le fardeau d'un Turc coiffé d'un fez rouge, ou de quelque femme masquée et soigneusement dissimulée et encapuchonnée dans les vastes plis d'une étoffe blanche, ou bariolée de toutes les couleurs ; derrière l'âne, court et galope l'*ânier* qui, de ses cris et du bâton, active la course de l'animal ; ces voitures dont les cochers, d'un noir de jais, ont pour coiffure un fez écarlate, et, pour tout vêtement, une chemise blanche qui fait ressortir, dans toute sa beauté, la noirceur de leur teint ; ces nègres, du Soudan et du Darfour, aux lèvres épaisses, au nez épaté, à côté desquels passent des toilettes européennes, des modes de Paris... tout cela, tout ce pêle-mêle, tout ce mélange, toute cette réunion de types si différents est d'un pittoresque saisissant, d'un aspect étrange et nouveau ; voilà surtout ce qui étonne, captive et charme nos yeux.

Mais ce n'est là encore qu'une des faces d'Alexandrie : chers lecteurs, par une de ces soirées splendides, lumineuses, et d'une délicieuse fraîcheur qui fait oublier la chaleur du jour, venez avec nous à la grande promenade, aux Champs-Élysées. Des allées de tamaris et d'acacias Lebeck nous conduisent au canal Mahmoudié, œuvre gigantesque de Méhémet-Ali. Ce canal de 92 kilomètres de longueur, heureuse et magnifique dérivation du Nil, promène les eaux fécondantes du fleuve dans tous les pays limitrophes de la ville, avant de les déverser dans la mer, par une troisième bouche. Deux cent cinquante mille hommes furent employés à le creuser, et vingt-cinq mille y périrent de fièvres et de fatigues ; ses deux rives nous offrent les plus étonnants contrastes.

Sur la rive orientale, ce sont des masures, misérables habitations des Arabes ; c'est la saleté, le débraillé de ces enfants de la nature et du désert. Quand une femme se sent prise des douleurs de l'enfantement, elle descend au bord de l'eau, accouche, se délivre elle-même, seule et sans aucune assistance ; elle lave son enfant, se lave elle-même, remonte la rive avec le nouveau-né, et reprend immédiatement, et sans aucune précaution, son travail habituel. Sur cette rive des buffles paissent, s'abreuvent, se baignent, et restent tout entiers plongés dans l'eau, au-dessus de laquelle émerge seulement leur tête hideuse. Des chameaux, des dromadaires, bivouaquent, couchés et ruminants. ou sont debout, chargés de fardeaux, et tout prêts à partir en caravane.

Sur l'autre rive, au contraire, ce sont les Champs-Élysées ; c'est la promenade, le rendez-vous du grand monde ; c'est là que, le soir, il faut aller pour rencontrer la haute société, pour la voir dans tout son luxe, dans tous ses atours. Sous des arbres séculaires, et faisant berceau, nous avons vu défiler une multitude d'élégants attelages, chevaux arabes aux formes sveltes et délicates, landaus, équipages où les femmes du monde, souvent d'un très beau type, le teint basané, les yeux et les cheveux toujours noirs, étalent leurs toilettes, leurs coiffures, aux dernières modes de Paris ; des cavalcades, des amazones se fraient un passage au milieu de toutes ces voitures.

Mais un mouvement extraordinaire se produit ; des soldats égyptiens à cheval, tout vêtus de blanc, s'avancent deux à deux, le sabre au clair, c'est l'escorte du *Khédive* ; et, en effet, toutes les têtes se découvrent devant le vice-roi, qui de sa voiture rend salut pour salut.

Une longue série de villas, de palais, de jardins, s'ouvre sur cette belle promenade. Parmi toutes ces demeures princières, la plus magnifique est celle du baron Antoniadis, le plus riche banquier, le Rothschild d'Alexandrie. Grâce à la bienveillante recommandation d'une éminente et vénérable religieuse de Paris, la supérieure générale des sœurs de Notre-Dame de Sion, les portes de ce palais féerique, de ces jardins d'Armide s'ouvrent devant nous. Statues de marbre, eaux jaillissantes, courantes et tombant en cascades, arbres et fleurs les plus rares, perspectives habilement ménagées, riantes, grandioses et toujours variées, appartements somptueux, tableaux des grands maîtres, tout ravit nos yeux dans ce séjour enchanteur.

Cette promenade devait nous procurer tous les genres d'agréments, car MM. Pesmaoglu, père et fils, nous firent l'amabilité de nous y conduire dans leur voiture. Au retour, ils nous invitèrent à visiter les deux clubs les plus aristocratiques d'Alexandrie. Nous parcourûmes de beaux et nombreux salons, salles de jeux, de conversation, de lecture, de billard.

La grande salle à manger nous offrit un intérêt tout particulier : dans la moitié de sa longueur flotte une large bande d'une riche étoffe, appendue à un support mobile, puissant ventilateur, gigantesque éventail, en usage aux Indes, dont les mouvements de balancement, d'oscillation, rafraîchissent l'air des souffles les plus bienfaisants, des brises les plus délicieuses.

La matinée de cette belle journée n'avait pas été moins bien employée : nous avions un drogman, c'est-à-dire un guide, un interprète du nom de *Mohammed Gomaa*, vieil Arabe au teint bistré, dont la large et ondulante culotte était fixée à une ceinture en cachemire de l'Inde. C'était un homme d'une politesse humble et obséquieuse, qui, si nous l'eussions laissé faire, nous eût baisé respectueusement les mains vingt fois par jour. Sous sa conduite, nous nous rendîmes à la colonne de Pompée, le seul monument antique important, nous le croyons du moins, que possède Alexandrie. Cette colonne, d'une grande hauteur, assez bien conservée, est un monolithe de granit, debout sur un socle carré, sans autre couronnement que son chapiteau corinthien ; elle est en dehors de la ville, isolée, sans aucun entourage protecteur, perchée sur un tertre assez élevé, et que nous avons gravi. A-t-elle été érigée par Pompée, ou par Trajan ? A-t-elle toujours été unique, isolée, ou faisait-elle partie d'un temple, dont elle serait le seul reste ? voilà ce qui est encore incertain. Quoi qu'il en soit, c'est un monument précieux, d'un effet imposant.

En regagnant la ville, nous vîmes de vastes jardins, plantés de cannes à sucre, de cotonniers, de grenadiers, de lauriers-roses en pleine terre, par-dessus lesquels, de place en place, des palmiers élevaient leur tête élégante et touffue que ma chère compagne comparait à des faisceaux, à des panaches de plumes d'autruche, qui se balanceraient gracieusement dans les airs ; végétation nouvelle pour nous, et pleine de charmes pour nos yeux.

Le sol d'Alexandrie est sablonneux, mais d'une grande fertilité : fécondé qu'il est par les eaux du Nil, que lui amènent le canal Mahmoudié et mille autres petits canaux de dérivation ; il ne pleut presque jamais, et cependant la terre est toujours suffisamment humide. C'est encore le Nil qui fournit l'eau potable, très saine, quoique jaunâtre et limoneuse par les principes terreux qu'elle contient, mais un filtrage soigneux l'en débarrasse facilement et lui donne une parfaite limpidité.

La température est très chaude, quoique rafraîchie, matin et soir, par la brise de mer. En général, on sort peu de midi à trois heures, car le soleil, sur un ciel, toujours sans nuage, est brûlant. Mais ce qui nous a paru le plus pénible à supporter, c'est la température des appartements ; la nuit surtout, elle est excessive et accablante, malgré toutes les précautions prises. A l'hôtel *Abbat*, notre chambre à coucher, très élevée de plafond, était exposée au levant ; et cependant si, la nuit, nous n'eussions pas laissé nos trois grandes fenêtres largement ouvertes, il nous eût

été impossible de dormir, tant la chaleur était suffocante.

Cette température, à laquelle nous n'étions pas
habitués, devait nécessairement modifier notre état
physiologique. La plupart de nos sécrétions normales
s'en trouvèrent, sinon supprimées, du moins nota-
blement diminuées ; nos narines étaient sèches, notre
bouche, notre gosier sans salive, nos urines rares,
peu abondantes, colorées, et chargées en excès de
principes salins, vu leur petite quantité. Toutes ces
sécrétions étaient remplacées par la sueur, qui ruisse-
lait sur tout notre corps, et dont nos vêtements étaient
imbibés. La chaleur était si grande, qu'elle les séchait,
sans que nous eussions besoin de les changer ; elle
évaporait la transpiration, à mesure qu'elle se for-
mait, et nous mettait ainsi à l'abri du danger des
refroidissements.

Notre première visite, à Alexandrie, avait été pour
la grande église catholique, dédiée à sainte Catherine,
et desservie par les franciscains. L'église schismatique,
ou orthodoxe grecque, en est voisine ; on y célébrait,
très solennellement, la fête de la Nativité de la Sainte
Vierge ; c'était le 20 septembre, l'église grecque étant
de douze jours en retard sur le calendrier romain. Le
20 septembre 1884, quatre ans auparavant, jour pour
jour, nous étions en Russie, et nous assistions, avec
nos bons amis le comte et la comtesse Hénoque
d'Altavilla, à l'office de la même fête à *Troïtza*, au
célèbre monastère de *Saint-Serge*, dans les environs
de Moscou.

Il y a, à Alexandrie, plusieurs églises catholiques; les Jésuites possèdent un collège, et les frères des écoles chrétiennes, qui y sont au nombre de cinquante, y dirigent un grand nombre d'écoles de garçons. Plusieurs écoles et pensionnats de jeunes filles sont confiés aux sœurs de Saint-Vincent de Paul et aux sœurs de Sainte-Marie. Tous les ordres religieux des deux sexes sont protégés par le gouvernement, et tenus en haute estime par les populations de toute croyance, juifs, musulmans, qui sont heureux de mettre entre leurs mains l'éducation de leurs enfants.

A quelques kilomètres de la ville, sur la côte orientale, les yeux découvrent un plantureux rivage, de magnifiques ombrages, des maisons de plaisance, de riches et pittoresques villas, c'est *Rameleh*, le Sèvres, le Saint-Cloud, le Bougival d'Alexandrie, c'est là que les habitants aiment à se rendre le soir, et à s'y choisir une villégiature, pour y respirer la fraîcheur et les brises de la mer; un chemin de fer y conduit, et les voitures y arrivent en suivant une belle avenue plantée de tamaris et d'*acacias Lebeck*. Ce dernier arbre recherche la chaleur et les terres sablonneuses, il pousse très vite, acquiert de grandes proportions, et fournit une ombre large et épaisse, aussi est-il, pour l'Égypte, un arbre de prédilection.

Rameleh avait pour nous un autre attrait que la beauté de ses jardins et les charmes de sa situation; c'est là que se trouve le pensionnat des sœurs de Notre-Dame de Sion, auxquelles leur digne supérieure générale de Paris avait bien voulu nous recommander tout spécialement. Nous y étions donc attendus, et nous y fûmes reçus avec un empressement et une cordialité qui nous ont vivement touchés. Ces bonnes et pieuses religieuses, de la plus rare distinction, possèdent un magnifique établissement, où elles élèvent 60 ou 80 jeunes filles des meilleures familles. La façade de leur maison, en vue de la mer, s'ouvre largement sur un splendide jardin, où l'on se promène sous de longues allées de palmiers et de bananiers, où l'on entend le murmure d'un petit canal, dérivé du Nil, qui serpente et gazouille, à travers des massifs d'orangers, de mandariniers, de palmiers, de lauriers-roses arborescents. Rien de plus ravissant que cette demeure bénie, dont l'art et la nature ont fait le plus délicieux séjour qu'on puisse rêver. Suivant l'usage oriental, un rafraîchissement nous fut offert, on nous versa, dans une eau fraîche et limpide, une liqueur d'orange exquise, que nous bûmes avec délices, au centre d'une galerie, dont les deux extrémités, ouvertes sur deux jardins, laissaient arriver sur nous un agréable et vivifiant courant d'air. A la nuit tombante, nous quittâmes cette sainte maison, sa supérieure si parfaitement bonne, et toutes ses excellentes sœurs, dont l'une, la sœur Rosa, en disant adieu au monde, avait renoncé à tous les avantages d'un nom justement respecté, et qui nous était cher depuis longtemps. Un peu plus loin, tout au bord de la mer, nous dînâmes au casino de *San-Stephano*, brillamment éclairé par la lumière électrique ; élégant et confortable rendez-vous des Alexandrins, qui viennent s'y reposer des ardeurs de la journée, dans la fraîche et bienfaisante atmosphère du soir.

Au delà de cette ravissante côte de Rameleh, à égale distance d'Alexandrie et de Rosette, le rivage de la mer se creuse et s'arrondit en forme de golfe ; c'est le golfe et c'est la plage d'*Aboukir*, deux grandes et nobles pages de notre histoire.

Le 1ᵉʳ août 1798, la flotte française, commandée par l'amiral Brueys, y fut attaquée par la flotte anglaise, sous les ordres de l'amiral Nelson. La fortune, hélas! ne nous fut pas favorable; mais si la victoire resta aux Anglais, elle leur coûta cher, et si l'amiral Villeneuve fût entré en ligne, ils étaient perdus, anéantis.

La bataille, commencée à sept heures du soir, dura toute la nuit : l'obscurité n'arrêta pas un instant l'entrain, l'ardeur, l'acharnement de nos marins; ils se battirent comme des lions : il y eut là des prodiges de valeur, des faits, des paroles héroïques et sublimes, auxquels l'amiral Nelson rendit un solennel hommage. L'amiral Brueys, au milieu d'un effroyable carnage, le corps traversé par un boulet, et presque coupé en deux, refuse de quitter son poste de commandement; il reste sur son banc de quart, et dit, de sa voix la plus forte : « Un amiral doit mourir en donnant des ordres!... » Dix minutes après il expirait, et quelques instants plus tard, son vaisseau, l'*Orient*, en feu, sautait, avec un fracas épouvantable.

Pendant cette scène d'indescriptible horreur, le contre-amiral Blanquet-Duchayla, assommé, écrasé par la chute d'une vergue, à bord du *Franklin*, qui n'était plus qu'une ruine, et dont presque tout l'équipage gisait sur le pont, tué, blessé, mourant et hors de combat, s'écriait : « Tirez toujours, notre dernier boulet sera peut-être funeste à l'ennemi! »

L'année suivante, le 25 juillet 1799, ce glorieux désastre fut vengé, sur le bord de ce même golfe, par la brillante victoire d'Aboukir.

20,000 Turcs y avaient débarqué, commandés par Mustapha-Pacha et par l'amiral anglais, sir Sydney-Smith. Bonaparte, qui était au Caire, accourt avec Lannes et Murat, il n'avait que 6,000 hommes à peine! N'importe, il attaque..... les ennemis tiennent bon; on se bat avec fureur, avec rage, corps à corps, au pistolet, à l'arme blanche, au sabre, au cimeterre; c'est un effroyable massacre..... Mais le génie militaire, l'admirable tactique de Bonaparte, la fougue, l'impétuosité de Lannes et de Murat sont irrésistibles. Les mameloucks, commandés par Mourad-Bey, le vaincu des Pyramides, sont rejetés dans le désert en pleine déroute; les Anglais, les Janissaires sont mitraillés, enfoncés, culbutés, poursuivis à la baïonnette et précipités dans le lac et dans la mer, où ils se noient presque tous, au nombre de 9 à 10,000. Le pacha Mustapha, qui s'était battu en désespéré, remet, d'une main sanglante, son sabre à Murat; 200 hommes se rendent avec lui, vingt pièces de canon, tous les bagages tombent entre nos mains, et l'amiral anglais se sauve, et parvient à se réfugier sur un vaisseau.

Nous étions heureux et fiers, à peine le pied sur le sol égyptien, d'avoir à y saluer les trophées et les souvenirs de nos exploits et de notre vieille gloire française.

# LE CAIRE

## L'ESBÉQUIEH — LES SAIS — LA MOSQUÉE DE MÉHÉMET-ALI

# LE CAIRE

## L'ESBÉQUIEH — LES SAÏS — LA MOSQUÉE
## DE MÉHÉMET-ALI

Arrivés à Alexandrie, le jeudi 20 septembre, à six heures du matin, nous en sommes partis, pour le Caire, le samedi 22, à neuf heures et demie du matin ; le trajet fut de quatre heures, la rapidité du train express et une bonne brise du nord nous empêchèrent d'être incommodés par la chaleur, et nous pûmes, tout à notre aise, examiner le pays que nous traversions. C'est un pays constamment plat, mais le plus arrosé, le plus peuplé d'hommes et de bestiaux, et le plus cultivé que nous ayons jamais vu. Depuis le mois de février, il n'était pas tombé une goutte de pluie, un soleil torride n'avait pas cessé de darder ses rayons brûlants, de briller sur un ciel constamment sans nuage, et cependant toutes les terres étaient humides, des milliers de petits ruisseaux coulaient de tous côtés, et quelquefois de véritables lacs, d'une eau profonde, couvraient de vastes superficies de terrains ; ces lacs étaient entrecoupés, parsemés d'îlots en pleine culture.

3.

Le voie ferrée côtoyait un large canal; sur la rive opposée défilait, sous nos yeux, une suite non interrompue de *fellahs*, paysans plus ou moins nègres et plus ou moins nus, de femmes, tout aussi déguenillées, tout aussi peu vêtues, et le plus souvent masquées, d'enfants habituellement nus, gambadant, courant, ou se baignant dans le canal, d'ânes, de buffles, de chèvres, de moutons noirs, de chameaux en marche, chargés de fardeaux, balançant leur long cou, s'avançant d'un pas ondulant, cadencé, toujours le même, semblable au tangage d'un navire, ou couchés au soleil, au repos, mangeant et ruminant au bivouac, et nous regardant passer d'un air indifférent, dédaigneux et d'une physionomie stupide et béate. Telle fut notre route jusqu'au Caire, où nous arrivâmes à une heure et demie dans l'aimable compagnie de M. Jean Pesmazoglu.

*Le Caire* est une ville de 500,000 âmes, sur la rive droite du Nil; elle occupe une immense superficie, et se compose de trois villes bien différentes : le Vieux Caire, le Quartier des bazars et du Commerce, et le Nouveau Caire.

Chers lecteurs, en voyage, il faut tout voir, même ce qu'il y a de plus laid, de plus répugnant, de plus difficile à aborder, or vous ne pouvez rien vous figurer de plus hideux que le Vieux Caire, dont la fondation remonte au viie siècle, en 640 après J.-C. C'était autrefois le seul Caire, la seule capitale de l'Égypte, et aujourd'hui ce n'est qu'un ignoble assemblage de bicoques, de taudis, de misérables maisons, à moitié écroulées, auxquelles on n'arrive qu'en soulevant, sous ses pas, d'épais nuages d'une poussière qui n'a jamais été arrosée, et par des chemins obstrués de décombres et de masures en ruines.

Les rues sont dignes des abords; elles sont étroites, tortueuses, sales et nauséabondes, souillées d'immondices de toutes les natures, et sur ces immondices se tient accroupie, assise ou couchée, grouille, dort, travaille, mange, fume, se gratte, s'épouille une population plus immonde encore, Population étiolée, scrofuleuse, défigurée par des ophthalmies, par des ulcères, sur lesquels les mouches s'abattent, se posent en larges placards, et dont elles font leur écœurante et sordide pâture.

Les enfants des deux sexes, que l'on ne lave jamais, qui dorment, sans être jamais déshabillés, sont à peine couverts d'une chemise en lambeaux, dont la couleur primitive est à peine reconnaissable sous l'épaisseur des ordures qui s'y sont accumulées. On les voit souvent nus, dans les attitudes les plus inconvenantes, le visage abêti, fiévreux, bouffi, parsemé de groupes de mouches; les yeux à moitié fermés, par des paupières croûteuses et suintantes, le nez écrasé, les lèvres épaisses; petits monstres, rabougris, difformes et malingres, repoussants, qui inspirent également la pitié et le dégoût. Les adultes ne sont pas mieux; la femme, la plus belle, la plus attrayante partie de l'humanité, en est ici la honte et l'ignominie. Quant aux habitations, on devine ce qu'elles sont, d'affreux bouges, sans air, sans lumière, obscurs et fétides, où pullulent tous les genres d'insectes, où la vie languit et s'éteint prématurément, dans l'énervement du vice et l'asphyxie de la plus horrible insalubrité.

Combien est coupable un gouvernement aussi peu soigneux de l'hygiène, de la moralité, de la conservation de son peuple! Dans un si beau pays, où il y a tant de lumière, tant de soleil, et tant d'eau, comment laisser toute une population dans un pareil état d'avilissement et d'abjection! les réformes les plus urgentes et les plus radicales s'imposent.

Virgile disait que l'on trouve des perles dans le fumier d'Ennius, il y en a aussi dans le Vieux Caire; nous y avons vu une très curieuse mosquée du viie siècle, soutenue par trois cents colonnes de marbre; c'est la mosquée de *Damrou*, lieutenant du Calife Omar, l'un des successeurs de Mahomet. Nous y avons vu une très vieille église grecque, dont les portes sont revêtues de bronze habilement ciselé. Quelques maisons, des xiie et xiiie siècles, ont leur façade artistement sculptée, et ornée de magnifiques *moucharabiés*, appendices saillants en forme de balcons fermés, d'où l'on peut voir, sans être vu, appelés en France *encorbellements*, et en Espagne *miradors*.

Plus tard, de siècle en siècle, mais surtout à partir du xe siècle, et de l'année 970, de nouveaux quartiers arabes furent construits; tel est le grand quartier des bazars, où l'on trouve la mosquée et le tombeau d'Ibrahim Aga, vaste mosquée, dont le plafond est en ivoire et en bois de cèdre, mais remarquable surtout par la plus admirable collection de faïences persanes vernissées et émaillées qui la tapissent, du haut en bas, et dans toute sa longueur ; ces faïences, parfaitement conservées, merveilles de coloris et de dessin, sont d'inestimables trésors artistiques. Tel est encore le quartier populeux et commerçant de l'église catholique des Pères Franciscains, où nous avons entendu la messe, le dimanche 23 septembre. Ces quartiers constituent comme une seconde ville, bien différente du Vieux Caire, animée, vivante, livrée à la plus bruyante activité commerciale, et dont les rues sont toujours encombrées d'un nombre prodigieux de voitures, d'ânes, de chameaux, de porte-faix, de marchands, d'hommes et de femmes aux accoutrements les plus variés et les plus bizarres.

Mais le véritable Caire, celui que recherchent, qu'habitent les étrangers, le Caire du luxe, des hôtels, des palais est d'origine plus récente et se présente sous un tout autre aspect. Tandis que Napoléon III changeait la face de Paris, Ismaïl Pacha, pendant son règne de trente-six ans, qui ne se termina qu'en 1879, par son abdication en faveur de son fils Tewfik Pacha, vice-roi actuel, créait le nouveau Caire ; il ouvrait, dans toutes les directions, de larges et magnifiques avenues, qu'il plantait de ces *acacias Lebeck*, dont nous avons déjà parlé, arbres d'une sève vigoureuse, d'un accroissement rapide, de haut et large développement, d'un ombrage épais et bienfaisant, et qui gardent leur beau feuillage tout l'hiver ; ils ne le perdent qu'au 1er mai.

pour le reprendre au 1er juin. Tout le long, et en bordure de ces avenues, étaient dessinés de délicieux jardins, et au milieu de massifs de verdure et de fleurs s'élevaient, comme par enchantement, des hôtels, des maisons de plaisance, de petits et de grands palais, de sorte qu'au centre de la ville, on peut s'imaginer respirer l'air pur et embaumé de princières villégiatures.

Tel est le nouveau Caire, rien de plus verdoyant et de plus fleuri, de plus riant et de plus grandiose que sa physionomie; d'immenses allées d'arbres s'en vont de tous les côtés, et à perte de vue; les unes sont bordées de maisons monumentales à arcades, comme la rue de Rivoli, les autres de petits parcs, de jardins toujours verts, et toujours en fleurs. Le ciel est d'une pureté incomparable, de l'azur le plus bleu, le plus doux à contempler; il ne pleut jamais; le matin et le soir, une brise délicieuse rafraîchit l'atmosphère, les mois de juin, de juillet et d'août sont brûlants; cette année, le thermomètre y est monté à 46 degrés. Dans la deuxième moitié de septembre, nous n'avons jamais eu plus de 30 à 35 degrés. Mais l'air est si sec et la brise si constante, que cette chaleur est mieux supportée que certaines chaleurs de Paris, moindres cependant, mais humides, molles et sans air.

Les mois d'hiver sont la belle saison du Caire, la saison où affluent tous les étrangers; à peine s'il pleut quatre ou cinq fois; le firmament est toujours bleu et sans nuages, et le thermomètre de 15 à 25 degrés, c'est un printemps idéal et perpétuel.

Quant à nous, nous ne pouvons nous lasser de contempler ce ciel, toujours si pur, cette atmosphère si transparente, ces nuits si diaphanes et si lumineuses. Sous les fenêtres de notre hôtel, *New-Hôtel*, s'étendait le jardin de l'*Esbéquieh*, vaste promenade intérieure, admirables fleurs, arbres des essences les plus rares, beaux ombrages, lac sillonné de petites barques, kiosques où, tous les soirs, une musique militaire alternativement égyptienne, anglaise, écossaise, fait entendre ses airs les plus variés; nous avons été heureux dans un de ces concerts, d'applaudir à l'ouverture du *Pré-aux-Clercs*. Lorsqu'on est loin de la patrie, tout ce qui la rappelle va droit au cœur.

La principale rue de la ville passait sous nos fenêtres, entre notre hôtel et l'Esbéquieh; elle nous offrait les plus agréables distractions; le Caire, du matin, au soir se photographiait sous nos yeux avec ses costumes, ses mœurs, ses excentricités, son luxe, ses misères. De charmants petits ânes, gris, noirs, blancs, sur lesquels nous nous sommes donné, deux fois, le plaisir de courir la ville, monture très usitée, stationnant, comme les fiacres, sur les places et sur les carrefours, chassés par les *âniers*, trottaient, galopaient en troupes ou isolés, ayant sur le dos un soldat anglais ou égyptien, tous deux vêtus de blanc, différant seulement par la coiffure, l'Égyptien, fez rouge, l'Anglais, casque blanc, un Turc, un fonctionnaire, un enfant, une femme, véritable caricature, soigneusement masquée, encapuchonnée et enveloppée dans les vastes et gonflés replis des étoffes les plus étrangement colorées. De graves derviches, en hautes toques cylindriques, grises ou noires, en longues robes blanches, vertes, rouges ou jaunes, marchaient solennellement, et à pas comptés ; d'élégants équipages de pachas, ou de riches habitants, passaient au grand trot de leurs chevaux arabes, précédés chacun de deux *Saïs*, coureurs à pied, jeunes hommes, beaux Antinoüs, modèles achevés et irréprochables de la perfection des formes humaines ; ils avaient une toque à gland d'or, les manches et la culotte blanches et bouffantes, le corsage ajusté, brodé d'or, sur fond vert ou noir, les jambes et les pieds nus, une longue baguette à la main pour faire place, et donner le champ libre à l'équipage, dont ils devançaient la course, avec une grâce, une légèreté, une prestesse incomparables. Deux *Saïs* courent ainsi, et quelquefois des heures entières, devant une voiture, mais un cavalier n'a devant lui qu'un seul Saïs ; luxe oriental et tout asiatique, originale parade dont nous n'avions aucune idée, coup d'œil pittoresque et charmant, c'est vrai, mais qui nous révolta, au double point de vue de la dignité humaine méconnue, de la santé et de la vie de nos semblables, sacrifiées pour une vaine ostentation. Ainsi qu'on nous l'a dit, et comme il n'était pas difficile d'en avoir l'idée, les *Saïs* meurent avant l'âge, ils ne résistent pas longtemps aux dangereux effets de ces courses aussi rapides que la course des chevaux, et succombent à des affections aiguës, à l'emphysème pulmonaire, ou à des maladies du cœur.

Toute la population est remarquable par la blancheur des dents, blancheur plus éclatante encore sur des visages basanés, ou d'un noir d'ébène. Les femmes, qu'elles soient à pied, en voiture, ou qu'elles chevauchent sur un âne, sont toujours masquées, et leur masque, blanc, noir ou bleu, est maintenu à la hauteur de la racine du nez par un gros cylindre de cuivre, d'or ou d'argent, appliqué sur le front, et fixé sous le voile de mousseline blanche, ou d'étoffe bigarrée, qui, du sommet de la tête, les enveloppe tout entières jusqu'aux talons. Leur costume uniforme de mousseline blanche, de drap noir, de soie jaune ou verte, unie ou zébrée des couleurs les plus criardes, n'est qu'un disgracieux et ridicule travestissement. Les grandes dames des harems, les femmes des pachas, sont toujours en voiture, les stores à demi baissés, surveillées par de grands, gros et jaloux eunuques noirs, ce qui ne les empêche pas de jeter, à droite et à gauche, des regards furtifs; leurs yeux, à la fois craintifs et curieux, apparaissent seuls, au-dessus de leur masque de mousseline blanche.

Sous la conduite de notre drogman, Abd-Allah-El-Halil, nous visitons l'antique mosquée d'Hassan, et nous montons à la citadelle, dont le sommet est oc-cupé par la magnifique mosquée, en marbre onyx, de Méhémet-Ali. Deux minarets, sveltes, élancés, chefs-d'œuvre de hardiesse et de légèreté, accompagnent et dominent, de bien haut, sa large coupole; c'est le monument le plus beau du Caire, il s'élève sur la partie culminante de la ville, et s'aperçoit de bien loin, de tous les points de l'horizon. A l'intérieur, on marche sur les plus somptueux tapis de l'Orient ; on admire des colonnes des marbres les plus rares, et des vitraux du plus merveilleux coloris, qui éclairent le tombeau du vice-roi, de tous les tons d'une lumière douce et délicieusement nuancée. Dans tout le pourtour extérieur de la mosquée, les yeux, éblouis et charmés, se promènent sur un magnifique panorama : la ville tout entière, ses mosquées, ses palais, ses jardins, le Nil, les pyramides, le désert !...

L'ARBRE DE LA VIERGE
HÉLIOPOLIS — LE CAMPEMENT D'AUTRUCHES
LA GRANDE FÊTE DU CAIRE
LES DERVICHES HURLEURS

# L'ARBRE DE LA VIERGE
## HÉLIOPOLIS — LE CAMPEMENT D'AUTRUCHES
## LA GRANDE FÊTE DU CAIRE
## LES DERVICHES HURLEURS

A une lieue environ du Caire, sur la limite du désert, en suivant une longue allée bordée de champs de cannes à sucre et de cotonniers à fleurs jaunes, on arrive au village de *Matarieh*, où les jésuites ont une maison de campagne; c'est une habitation modeste, mais pourvue d'épais ombrages, au milieu desquels s'épanouissent de magnifiques fleurs, fleurs rouges, vulgairement appelées *filles de Consul*, fleurs blanches d'une odeur exquise, du nom de *grands-ducs*, que déjà nous avions admirées dans les jardins du Caire. Nous fûmes reçus avec une grâce charmante, par le père Mille, qui nous offrit un agréable rafraîchissement.

Tout près de cette hospitalière demeure, on trouve un arbre d'une grosseur remarquable, mesurant sept mètres de circonférence, entouré d'une palissade que recouvrent des jasmins ; ses feuilles sont persistantes, c'est un sycomore d'une espèce toute particulière et tout à fait différente des sycomores européens (*ficus sycomorus*); on l'appelle *l'arbre de la Vierge.* Suivant la tradition, la sainte Vierge et saint Joseph, dans leur fuite en Égypte, se reposèrent, avec le divin enfant, dans cet endroit, à l'ombre de ce même arbre, disent les uns, à l'ombre, disent les autres, d'un arbre plus ancien, tombé depuis lors de vétusté, mais dont les racines, en repoussant, ont produit l'arbre actuel, rejeton de celui, sous lequel s'est abritée la sainte famille. C'est sur un arbre de la même espèce que grimpa Zachée, pour voir Jésus entrant à Jéricho.

A peu de distance de *l'arbre de la Vierge* se dresse majestueusement un obélisque, le plus ancien de l'Égypte, puisqu'il remonte à 2,800 ans avant Jésus-Christ, il faisait partie du temple d'Héliopolis. Nous sommes là, en effet, sur l'emplacement d'*Héliopolis*, dont il ne reste rien que cet obélisque, unique vestige, vénérable et magnifique, mais seul survivant de la *ville du soleil.* C'est dans le désert environnant, que le 20 mars 1800, Kléber livra la bataille d'Héliopolis, et défit complètement 80,000 Turcs, avec ses 10,000 soldats. Après sa victoire, il vint graver son nom, avec la pointe de son épée, sur l'arbre de la Vierge.

Il y a trois ans, en 1885, dans les zones glacées de la Laponie, nous avions visité un campement de huit cents rennes, cette année, dans le climat brûlant de l'Égypte, nous visitons, avec le même intérêt, un campement de six cents autruches. Ces animaux y vivent en liberté, réunis dans plusieurs vastes enceintes, entourées de hautes palissades; il y en a d'une grosseur énorme et d'une force prodigieuse, ils sont quelquefois dangereux et méchants, d'un coup de patte ils peuvent tuer un homme ; le revenu qu'ils donnent est considérable ; telle autruche a une valeur vénale de mille francs, et produit annuellement pour cinq cents francs de plumes. On les multiplie artificiellement en soumettant les œufs à des températures élevées, obtenues par l'eau chaude ; on les parque par rang d'âge ; il y en a de toutes les tailles. Cette agglomération est d'autant plus curieuse que le désert s'en dépeuplait, on n'en trouvait plus guère ; elles devenaient de plus en plus rares. Ce campement est donc une industrie doublement heureuse, d'abord au point de vue de la conservation de l'espèce, et ensuite par les bénéfices qu'elle procure à son ingénieux et hardi propriétaire.

Deux fois par an, la ville du Caire, toujours si vivante et si gaie, célèbre une grande fête religieuse, et, dans cette grande fête, elle déploie, d'un côté, toute la ferveur, toute l'exaltation, tout le fanatisme du culte musulman, et de l'autre, elle s'abandonne à toutes les joies, à tous les divertissements, à tous les délires d'une population naturellement surexcitée par les ardeurs d'un climat tropical. L'une de ces fêtes ayant lieu, pendant notre séjour, nous avons pu assister à ses deux phases si extraordinaires, d'un intérêt si pittoresque, et en même temps d'un caractère si différent.

Dans la matinée, ce fut une procession de plus de dix mille hommes, vêtus des costumes les plus bizarres, tous coiffés d'un fez rouge, qui défila pompeusement devant nous. Cette immense procession se

scindait en plusieurs parties, toutes distinctes, ayant
en tête, chacune un corps de musique, et une quantité de drapeaux, de bannières, d'oriflammes, de
toutes les formes, de toutes les couleurs, de toutes les
dimensions ; des centaines, des milliers peut-être de
ces étendards étranges dominaient cette multitude,
planaient, se balançaient à perte de vue, au-dessus de
toutes ces têtes uniformément rouges. Des soldats à
cheval accompagnaient le dernier groupe de la procession ; des nuages de fumée d'encens s'élevaient dans
l'air, embaumaient la rue, et enveloppaient de leurs
ondes vaporeuses et parfumées un Derviche, un *saint*,
le héros de la fête, escorté d'une escouade d'autres
derviches qui l'ombrageaient d'un vaste parasol, et
portaient, tout autour de lui, divers insignes honori-
fiques.

Nous étions debout dans notre voiture pour ne rien
perdre de l'ensemble et des détails de la cérémonie
qui se développait solennellement devant nous, tout
près de nous, et se prolongeait aussi loin que nos
regards pouvaient la suivre. Mais en même temps
nous avions, comme distraction, un autre spectacle
d'un genre tout différent et non moins singulier. Une
foule énorme, compacte, bigarrée, panachée de tous
les accoutrements, de tous les oripeaux des jours de
fête se pressait, se bousculait afin de voir la procession. Pour contenir cette foule, pour la faire reculer
et l'empêcher d'envahir, d'obstruer la rue, les soldats,
les gardes municipaux, armés de fouets, de triques
et de bâtons, cinglaient, frappaient, tapaient à droite

et à gauche, et faisaient pleuvoir à tour de bras, sur les plus avancés et les plus curieux, une grêle, une volée de coups, arguments énergiques, mais sans réplique, reçus et acceptés sans mot dire, avec la soumission et le respect dus à l'autorité.

Le soir ce fut bien autre chose : vers neuf heures, MM. Georges Daressy, conservateur-adjoint du musée de Boulak, Victor Baccus, professeur à l'école normale, deux de ses collègues, M. Lévy, de la régie des tabacs, un peintre français, arrivé en Égypte en même temps que nous, vinrent nous chercher à notre hôtel, et sous la direction de notre drogman Abd-Allah Abd-el-Halil, nous partîmes tous ensemble, avec deux voitures, pour le désert; oui, chers lecteurs, pour le désert! car le Caire est entouré de déserts; d'un côté le désert lybique, de l'autre le désert arabique. C'était dans ce dernier que se donnait la fête de nuit.

Qu'on se figure un espace s'étendant à l'infini, n'ayant d'autres limites que l'horizon, d'autres bornes que ces lointains vagues, incertains, indéterminés, dans lesquels les yeux s'égarent et se perdent; plaines sablonneuses, sans eau, sans vie, sans végétation, d'un gris jaunâtre, dont le silence de mort n'est troublé la nuit que par le cri des chacals; solitudes immenses, désolées, sans routes tracées, brûlées, pendant le jour, par un soleil implacable, dévorant et sans ombre, et que traversent seuls et comme à l'aventure quelques chameaux isolés, ou marchant un à un, les uns après les autres, en longue et monotone file de caravane. Voilà le désert.

Or, ce soir-là, toute la zone du désert arabique, voisine de la ville, avait une tout autre physionomie.

Un nombre incalculable de tentes y étaient dressées, disposées en rangées régulières, spacieuses et s'étendant à perte de vue ; ces tentes, véritables monuments de configurations différentes, doublées et ornées des étoffes les plus élégantes, soutenues par de hautes et solides charpentes, s'ouvraient toutes largement du même côté, en regard les unes des autres, sur des allées brillamment illuminées, et laissaient voir les intérieurs les plus variés de formes, de dimensions et de décorations, tout étincelants de lumières ; ici, c'était une longue galerie, là une magnifique salle ronde ou carrée ; et toutes ces galeries, toutes ces salles, tous ces appartements de fêtes, de réceptions, improvisés pour la circonstance, se répétant à l'infini de tous côtés, à droite et à gauche, étaient pour les yeux une fascination inexprimable et magique. Trois ou quatre cent mille individus, de toutes les couleurs, des types, des costumes les plus originaux, venus, non pas seulement du Caire et des environs et de toute la basse Égypte, mais encore des contrées les plus lointaines de la haute Égypte, étaient là, encombrant ces espaces immenses et féeriques, chantant, dansant, jouant des instruments de musique les plus bizarres, nous faisant entendre les mélodies les plus étranges, se livrant à toutes les démonstrations joyeuses et religieuses du culte de Mahomet. Sous les tentes, dans les salons, dans les galeries, où resplendissaient les lustres, les girandoles de bougies, de feux de toutes les nuances, c'étaient des personnages assis, fumant et causant avec un flegme, un calme tout oriental; c'étaient ici, des *Derviches tourneurs*, se livrant, gravement et en cadence, à leurs singuliers exercices, à leurs valses étourdissantes; là, des *Derviches hurleurs*, dont nous vous parlerons tout à l'heure; plus loin, de pieux et fervents *croyants*, accroupis les jambes croisées, en longues et nombreuses rangées, marmottant à demi-voix, des versets du Coran, avec un incessant et méthodique balancement de corps; devant nous, d'autres *fidèles*, plus exaltés, criant, gesticulant, saluant profondément, se prosternant vingt fois de suite la face en terre, dans la direction de la Mecque; derrière nous, des Muezzins, chantant, répétant et invoquant, de leur voix nasillarde, le nom d'Allah! c'étaient aussi des Almées, exécutant leurs danses; et dans les allées, en dehors des tentes, c'était le va-et-vient, le remous, le flux et le reflux de la foule la plus innombrable et la plus bariolée qu'on puisse imaginer; c'étaient encore des orchestres, des jeux, des chants, des danses en plein air, de nègres de la Nubie et du Soudan; et c'est au milieu de cette foule incroyable, de cette mer en ébullition, de cet étincelant océan de lumières, de tous ces mille spectacles, de tous ces rêves des *Mille et une nuits*, de toutes ces exhibitions orientales, fantastiques et féeriques, que nos deux voitures stationnaient, s'avançaient, se frayaient un lent et difficile passage !

Le lendemain nous nous rendîmes chez les *Dervi-*

*ches hurleurs;* nous les avions vus en 1867, comme nous le racontons dans le 1er volume des *Vacances d'un médecin*, à notre premier voyage à Constantinople, nous voulions les revoir vingt ans plus tard, et dans un autre pays, où sans doute ils devaient se présenter sous un autre aspect, et avec des allures différentes; nous voulions surtout les faire connaître à notre chère compagne.

Je prie ceux qui me feront l'honneur de me lire d'être bien convaincus que je ne fais pas un roman, mais une narration simple, véridique et parfaitement exacte; je dis, j'écris ce que j'ai vu, ce que j'ai entendu, rien de plus et sans exagération. Cela posé, entrons à l'extrémité de la ville, près du vieux Caire, dans une mosquée d'apparence modeste; c'est une simple coupole sans ornements, dont la voûte et les murs, à l'intérieur, sont blanchis à la chaux; quelques assistants s'y trouvent déjà, nous prenons place.

Quarante ou cinquante Derviches de tout âge sont debout nous tournant le dos, rangés en demi-cercle, en face du grand prêtre debout aussi, dans une niche ou *mirhab;* à un signal de ce grand prêtre, tous s'accroupissent, les jambes croisées, et les voilà se jetant en avant, en arrière, se balançant, s'agitant de mille manières et en tous sens. Mais bientôt ils se relèvent, à un nouveau signal, et alors ce ne sont plus des balancements, ni des oscillations, mais des contorsions, des convulsions de tout le corps et de tous les membres, et en même temps nous entendons,

comme accompagnement de ces désordres muscu-
laires, les sons aigres et perçants d'un instrument de
musique barbare, et tous les bruits les plus sinistres,
les plus effrayants qui puissent sortir de gosiers humains en délire et en fureur : cris sauvages, imitant
l'aboiement aigu des chacals, le sifflement, le mugis-
sement de la tempête, le beuglement d'une troupe
de taureaux, le rugissement du tigre, du lion et de la
panthère. Surexcités de plus en plus par leur agitation même, et surtout par ce concert bestial, infernal
et féroce, les Derviches ne se possèdent plus; ce sont
des démons, des épileptiques, des forcenés et des en-
ragés ; leurs mouvements sont frénétiques, ils redou-
blent leurs hurlements, délient leurs longues cheve-
lures, qui tombent jusqu'à leur ceinture, et font comme
un voile à leurs horribles et grimaçantes figures :
toutes ces hideuses crinières violemment secouées,
dans le plus écœurant désordre, se mêlent, s'enchevê-
trent les unes dans les autres et complètent cet affreux
tableau; tout à l'heure nous avions encore de repoussants simulacres humains, des fanatiques en démence;
ce ne sont plus maintenant que des bêtes fauves en
fureur, qui, haletantes, épuisées, inondées d'écume,
de bave et de sueur, s'en vont tomber quelque part et
disparaissent l'une après l'autre, par une porte dérobée.
Voilà jusqu'où peut aller le fanatisme musulman, dans
le dévergondage et l'exaltation de ses paroxysmes.
Jamais, dans aucun pays, nous n'avions rien vu d'aussi
épouvantable que cette scène ; elle avait duré plus
d'une heure. Nous le déclarons médicalement : il ne

faudrait pas y conduire une femme trop impression-
nable, nerveuse ou hystérique, car pour en supporter
les poignantes émotions, il faut être bien sûr et bien
maître de soi.

LA RELIGION CATHOLIQUE AU CAIRE
L'HOPITAL CASR-EL-ENY — LE MUSÉE BOULAK
UN DINER A L'ESBÉQUIEH

# LA RELIGION CATHOLIQUE AU CAIRE
## L'HOPITAL CASR-EL-ENY — LE MUSÉE BOULAK
## UN DINER A L'ESBÉQUIEH

Nous avons vu ce que sont au Caire les fêtes et les
excentricités musulmanes ; voici comment le catholi-
cisme y est représenté : les pères jésuites y possèdent
un établissement très important, appelé *collège de la
Sainte Famille*; les pères franciscains y desservent
plusieurs paroisses ; cinquante frères des écoles chrétiennes y sont à la tête de nombreuses écoles de
garçons ; les sœurs de Saint-Vincent de Paul y dirigent
des ouvroirs, des orphelinats, des pensionnats de
jeunes filles, et de plus, elles visitent et soignent en
ville les malades, mahométans aussi bien que catholiques, égyptiens, nubiens aussi bien qu'européens ;
leur ministère toujours bienveillant est en très grande
estime, et leurs personnes entourées du plus profond
respect. Les élèves appartenant à diverses nationalités et à divers cultes, souvent des contrées les plus
éloignées de la haute Égypte, de la Nubie et de l'Abys-
sinie, reçoivent tous indistinctement la même instruction religieuse et les mêmes notions de la langue
française, tout particulièrement étudiée et propagée.
Tous ces établissements, les églises et chapelles qui

en dépendent, ouverts au public à l'heure des offices, sont surmontés de la croix, le vrai drapeau de la civilisation et de la fraternité des peuples.

Le principal hôpital s'appelle *Casr-el-Eny*, nous l'avons visité dans tous ses détails, et nous ne saurions trop remercier nos honorables confrères qui le dirigent, de l'accueil courtois et empressé qu'ils ont bien voulu nous faire. Depuis que l'Égypte appartient aux Anglais, le chirurgien en chef est Anglais, c'est le docteur *Sandouchin*. Son premier soin a été d'introduire dans cet hôpital des *Diaconesses*, corporation, confrérie de femmes protestantes, formées, autant que le permet la différence des cultes, sur le modèle de nos Religieuses. Ce savant docteur, dont nous avons gardé le meilleur souvenir, est d'avis, comme tous nos honorables collègues des hôpitaux de Paris, et comme toutes les personnes compétentes et de bonne foi, que les congréganistes ne sauraient être égalées pour la surveillance, la direction et les soins des malades.

L'hôpital Casr-el-Eny contient 450 malades; la constitution lymphatique nous a paru la plus fréquente, et par conséquent les affections scrofuleuses les plus nombreuses : on n'en sera pas surpris, si l'on se rappelle nos impressions dans le Vieux-Caire. Les différentes formes et natures d'ophthalmies y sont très communes, en raison de la mauvaise hygiène; en raison aussi de la grande chaleur, de l'intensité de la lumière diffuse, de la sécheresse de l'atmosphère, de l'ardeur directe, et de la réverbération éblouissante des rayons solaires. Nous avons vu beaucoup de borgnes; il paraît que souvent ce sont des infirmités contractées volontairement; les jeunes gens se mutilent eux-mêmes, se crèvent un œil, pour échapper au service militaire.

Le chirurgien Mohammed-Fursy-Bey nous a fait les honneurs de son service avec une bonne grâce charmante; le docteur Émin-bey-Badr, chef d'un service de médecine, notre ancien élève à l'hôpital Saint-Louis, s'est mis à notre disposition, avec le plus affectueux empressement, et une cordialité dont nous avons été vivement touché. J'ai parcouru avec lui et son interne, M. Zaufol-Hassan, la plus grande partie de l'hôpital; les salles sont d'une tenue parfaite, sans aucune odeur désagréable, spacieuses, bien ventilées, continuellement rafraîchies par de larges courants d'air; les lits de fer, espacés, et sans rideaux, comme il convient à un pays chaud.

Si l'on est heureux, en pays étranger, de retrouver la France dans la personne de ses religieux, de ses médecins, de ses savants; ce bonheur tout patriotique, on l'éprouve plus peut-être que partout ailleurs en Égypte, où la France a de si belles pages militaires, où elle a cueilli de si beaux lauriers, aux Pyramides, à Aboukir, à Héliopolis, où elle s'est acquis des titres de gloire non moins incontestables et non moins magnifiques, par ses travaux, ses découvertes historiques, artistiques, archéologiques, où, à côté des noms de Bonaparte, de Lannes, de Murat, de Kléber, on peut lire partout les noms de Champollion, de Mariette-Bey, de de Lesseps. En 1828 et 1829,

Champollion parcourt l'Égypte, observe, étudie, scrute ses antiquités, et, avec la divination, l'intuition de son génie, parvient à déchiffrer les hiéroglyphes, à trouver le sens, la signification de ces caractères hiéroglyphiques, hiératiques et démotiques restés incompréhensibles, mystérieux ; il révèle ainsi à la science l'histoire de ce grand pays, oubliée, perdue, dans la nuit des temps. Quelques années plus tard, un autre Français, Mariette-Bey, creuse, remue, fouille la terre d'Égypte ; il y découvre partout, sur les bords du Nil, à Thèbes, à Assouan, à Louksor, à Memphis, de merveilleux monuments enfouis par la barbarie, oubliés, perdus depuis des temps immémoriaux ; il les rend à la lumière, à notre étude et à notre admiration, il réunit tous ces monuments auprès du Caire, au bord du Nil, à Boulak, il en fait un incomparable musée, où il a son tombeau, comme pour veiller, même après sa mort, sur ces précieux restes d'une civilisation éteinte, qu'il a pu faire revivre, et qui sont devenus ses titres de gloire.

Boulak est une petite ville de 18,000 habitants, port sur le Nil, à 2 kilomètres du Caire, on y fabrique d'immenses quantités de glace artificielle. Jamais, nulle part, nous n'avons vu ni consommé autant de glace que dans ce pays, où, pendant notre séjour, la température a été constamment de 34 à 36 degrés de chaleur. A tous nos repas, sur toutes les tables, il y en avait des pyramides en blocs, en fragments, d'une pureté cristalline, qui charmaient nos yeux et rafraîchissaient nos verres.

Le musée est baigné par le Nil, de sorte que les monuments, toujours d'un grand poids, amenés par le fleuve, de la Haute-Égypte, peuvent y être facilement débarqués et introduits. Le tombeau de Mariette-Bey, en marbre noir, frappe tout d'abord les regards dans la cour d'entrée; c'est un sarcophage monumental, sur lequel, pour toute épitaphe, on lit, en lettres d'or : *Mariette-Bey*. Nous avons été reçus par M. Georges Daressy, conservateur adjoint. Cet aimable et jeune savant nous a guidés dans toutes les salles, et nous avons recueilli de sa bouche les explications les plus précises et les plus intéressantes. Toute l'histoire de l'ancienne Égypte, ses grandes dynasties royales, ses mœurs, ses coutumes, son génie artistique se sont déroulés et traduits sous nos yeux, dans ces galeries déjà trop petites, et remplies de tant de merveilles : sphinx de toutes les époques et de toutes les grandeurs; statues d'animaux, de guerriers, de rois, de divinités; bijoux, armures, objets usuels en bronze, en or et en argent ; peintures admirablement conservées, du coloris le plus frais, comme si elles étaient d'hier; mosaïques de bois précieux, et d'une délicatesse de travail inouïe; sarcophages magnifiques; immenses et splendides cercueils ouverts, dont les parois sont des chefs-d'œuvre de dessin, de ciselure, de peinture, de composition artistique; dans chacun de ces cercueils, parfaitement visible, à travers la transparence du cristal, repose le corps d'un roi, et parmi ces rois, *Sésostris*, tout entier, couché sur le dos, d'une taille colossale, les bras, les mains, les membres inférieurs, la tête, la figure dégagés de bandelettes, à nu, et d'un noir d'ébène. Un grand nombre de ces monuments funéraires sont des trésors archéologiques inestimables, notamment les tombes des Apis, qui proviennent de l'admirable *Serapeum* de Memphis, découvert, fouillé et décrit par Mariette-Bey, de 1850 à 1857.

Après des heures d'étude sérieuse, passées dans l'antiquité la plus reculée, parmi les sarcophages et les tombeaux, quinze cents ans, deux mille ans avant J.-C., n'est-ce pas un délicieux contraste qu'un dîner à l'*Esbéquieh*, avec une société choisie et d'un joyeux entrain? Ce contraste, M. Jean Pesmazoglu, à qui déjà nous étions redevables de si bons moments sur le *Saïd* et à Alexandrie, nous l'a offert. Le soir, à huit heures, par une de ces ineffables soirées d'Orient, dont la suavité ne saurait être décrite, dont la contemplation est le plus attachant et le plus merveilleux de tous les spectacles, il nous a conduits avec son frère, avec M. Paléologue son associé, et sa gracieuse compagne, au jardin de l'Esbéquieh; et là, sous une coupole de verdure et de fleurs, discrètement éclairée par des lumières dont l'éclat se tamisait à travers le feuillage, nous nous sommes assis à une table élégante et du goût le plus fin, où les vins de France les plus généreux ont accompagné les mets les plus exquis, où l'esprit et la gaieté ont été de pair avec la plus aimable et la plus franche cordialité.

# LE NIL

## LA PROMENADE DE GÉSIREH — LE GRAND SPHINX
## LES PYRAMIDES

# LE NIL

## LA PROMENADE DE GÉSIREH — LE GRAND SPHINX
## LES PYRAMIDES

Le Nil et les Pyramides sont les deux principaux attraits du Caire. De tous les fleuves de l'univers, le Nil est assurément le plus fréquenté par les voyageurs, les archéologues, les explorateurs de contrées lointaines, et le plus intéressant à étudier, dans ses crues périodiques et son cours immense, depuis les zones torrides de l'Afrique centrale, jusqu'à son delta, dans la basse Égypte, et à ses deux bouches terminales, de Rosette et de Damiette, dans la Méditerranée. Il est aussi le plus fameux à toutes les époques de l'histoire; son nom se trouve lié à tous les grands événements du monde, depuis Moïse et les Pharaons, depuis l'invasion des Perses sous Cambyse, fils et successeur du grand Cyrus, jusqu'aux guerres des Romains, sous Ptolémée et Jules César, jusqu'à saint Louis et les croisades, jusqu'à la glorieuse expédition de Bonaparte. Il est donc le plus connu de tous les fleuves; nous pourrions par conséquent n'en pas parler. Mais comment ne rien dire de ce fleuve majestueux qui nous a si vivement frappés par son aspect grandiose, par la masse imposante de ses eaux impétueuses, courant, se précipitant, à pleins bords, dans un lit quatre fois plus large que la Seine à Paris? On y arrive par ces belles et larges allées d'*acacias Lebeck*, bordées de si riantes, de si somptueuses demeures, de tant de jardins et de palais. Deux lions, colosses de granit ou de bronze, défendent à chacune de ses extrémités le pont gigantesque qui le traverse; trois ou quatre rangées de magnifiques palmiers balancent leur tête altière et panachée, tout le long de sa rive gauche; la grande caserne des Anglais, la ville et le musée de Boulak bordent sa rive droite. Pendant les mois de crue, ses eaux sont jaunâtres, troubles et limoneuses, mais faciles à clarifier, saines et excellentes à boire; en tout autre temps, elles sont, nous a-t-on dit, d'un vert tendre, limpides et transparentes. Chaque année, la crue, le débordement se produisent de la fin de juin à la fin de septembre; en octobre et novembre les eaux se retirent; la terre fertilisée reçoit les semences; les récoltes se font en mai et juin, et une nouvelle crue s'opère aussitôt pour préparer d'autres moissons. Sur toute la route d'Alexandrie au Caire, nous avions trouvé de tous les côtés, aussi loin que notre vue pouvait s'étendre, des quantités d'eau dont nous étions stupéfaits, car nous savions que depuis plus de six mois il n'était pas tombé une goutte de pluie, et la chaleur qui, pendant l'été, avait dépassé 45 degrés, était encore, le 22 septembre, de 35 à 36 degrés. Ici de véritables lacs couvraient, inondaient les campagnes; là elles étaient sillonnées par une multitude de petites rigoles : le chemin de fer suivait le bord d'un large canal, dans lequel des *fellahs* puisaient de l'eau, pour arroser les champs voisins ; divers appareils hydrauliques, des barrages, des vannes, des moulins, des pompes, des machines à irrigation en élevaient le niveau, la faisaient refluer, la projetaient et la distribuaient au loin. Sous un soleil torride, l'eau était partout, en nappes, en vastes surfaces, ou dans des canaux grands et petits ; aussi toutes les cultures pour lesquelles un arrosement abondant est indispensable étaient en pleine et vigoureuse végétation ; des rizières, des plantations de cotonniers charmaient nos yeux, par leur belle et fraîche verdure.

La quantité d'eau fournie par le Nil est vraiment prodigieuse ; les milliers de rigoles et de canaux qui en dérivent, dont quelques-uns, tels que le canal *Mahmoudié*, sont de véritables rivières, lui soutirant ses eaux pour les promener et les répandre dans toute la basse Égypte, et immerger les terres, sont impuissants à le tarir ; sans lui, l'Égypte ne serait qu'un désert improductif, desséché, brûlé, et tous les Égyptiens périraient de soif, car c'est lui, et lui seul, qui leur donne l'eau pour se désaltérer, et la glace pour se rafraîchir ; sans le Nil, l'Égypte n'aurait pas tous ces oiseaux grands et petits, qui ont étonné nos yeux : ces échassiers, ces pélicans, ces ibis, fidèles et gracieux compagnons des laboureurs, marchant derrière eux, et les suivant pas à pas, dans leurs travaux ; un pays sans eau est aussi sans oiseaux, nous l'avons constaté en Sicile, en Palestine, et dans quelques parties de la Syrie. C'est lui encore qui alimente la ville de Suez d'eau potable, des environs du Caire, et d'une distance de 135 kilomètres, par le canal *Ismaïlieh*, œuvre magnifique d'Ismaïl Pacha. Une bifurcation de ce même canal conduit encore l'eau du Nil à Ismaïliah ; et d'Ismaïliah, ainsi que nous l'avons vu, des tuyaux métalliques, disposés tout le long du canal de Suez, la font arriver jusqu'à Port-Saïd, qui n'existerait pas sans l'eau du Nil. Ainsi cet admirable fleuve qui alimente, arrose et féconde l'Égypte tout entière, envoie encore, à travers les déserts, ses eaux inépuisables, d'un côté jusqu'à la mer Rouge, de l'autre jusqu'à la Méditerranée, bien loin de son embouchure naturelle.

La promenade de Gésireh, plantée d'acacias Lebeck, dans sa première partie, s'étend parallèlement à la rive gauche du fleuve, ombragée déjà, nous l'avons dit, par plusieurs rangées de palmiers ; puis, changeant de direction, elle s'infléchit à l'ouest, passe devant un des nombreux palais du vice-roi, et par une courbe de 5 à 6 kilomètres de longueur, revient au bord du fleuve, et à son point d'origine, dessinant ainsi comme un cercle et une couronne, autour d'une prairie, parsemée d'ilots de palmiers, et dans laquelle les Anglais, casernés sur l'autre rive, donnent, le soir, un concert militaire. Il faut voir cette promenade, quand la chaleur est tombée : elle s'anime, elle s'égaye du luxe, du pittoresque, de l'originalité des toilettes, du mélange, des contrastes de la population la plus

bigarrée, et des types les plus divers. A côté de riches
équipages, d'élégants attelages, de brillants cavaliers,
étalant à plaisir les grâces de leurs chevaux arabes,
et précédés de *Saïs*, plus gracieux encore dans leur
mise orientale, et leur allure svelte et rapide, galopent
de ravissants petits ânes, montures élégantes et gracieuses aussi, que stimulent de la voix et de la baguette,
de jeunes Arabes les jambes nues, et coureurs infatigables ; les dames des harems, masquées et toutes
blanches, dans leurs voitures à demi fermées, sont
conduites et surveillées par des eunuques noirs ; les
modes parisiennes coudoient les nègres du Soudan
et du Darfour, à peine vêtus, les longues robes des
derviches, et tous les accoutrements indigènes les
plus bizarres de formes et de couleurs. Et quand le
soleil, à son déclin, illumine toute cette scène de ses
teintes ardentes, et embrase, de ses feux, les lointains du désert, où se dressent à l'horizon les sombres
et gigantesques silhouettes des pyramides, oh! alors
le cœur surabonde de joie et d'enthousiasme, car on
se sent assister à l'un des spectacles les plus splendides qu'il puisse être donné à l'œil humain de contempler : un coucher de soleil au Caire, sur le ciel
d'Orient, derrière les pyramides et sur le bord du
Nil !...

Lorsqu'on a franchi le pont du Nil, on suit, pour
se rendre aux pyramides, à travers des champs inondés, une route de 6 à 7 kilomètres de longueur, bordée d'acacias Lebeck. Cette route aboutit au désert,
dont la démarcation est nettement tranchée, et d'un

niveau plus élevé que les terres avoisinantes. Il faut gravir, comme un monticule, pour arriver aux pyramides.

Nous ne décrirons pas ces monuments prodigieux, debout depuis quatre mille ans, sur leur base immense, inébranlable ; disons seulement que si les tours de Notre-Dame étaient perchées l'une sur l'autre, la plus grande des trois pyramides, celle de Chéops, les dépasserait encore de 15 mètres. Elle a 147 mètres de hauteur, et 233 mètres de largeur à sa base ; cent mille hommes ont été employés pendant trente ans, à sa construction. C'est celle-là, dont j'ai voulu faire l'ascension, malgré tout ce qu'on m'avait dit, au Caire, des fatigues, des difficultés, des dangers même auxquels on s'expose, et j'ajoute, malgré de conjugales instances.

Je mets pied à terre, et emporté par une ardeur irrésistible, je cours, je me précipite vers le colosse ; il n'y a, bien entendu, aucun escalier, ni intérieur ni extérieur ; il faut grimper en dehors, sur les flancs mêmes, sur les parois de la pyramide, formés de blocs de granit énormes, superposés, ayant tous un mètre environ, quelquefois plus de hauteur, le bloc supérieur en retrait de quelques centimètres sur le bloc inférieur. Il y a donc, entre chaque bloc, un petit rebord, et ce sont ces petits et étroits rebords qui servent de degrés, tant pour la montée que pour la descente, sans que, nulle part, les mains trouvent le moindre point d'appui et de sûreté, la moindre saillie à saisir, pour aider les efforts, prévenir, ou arrêter un faux mouvement, une glissade, une chute.

Voici comment s'opère l'ascension, difficile, pénible, et quelque peu dangereuse en effet : trois Bédouins, au moins, en sont les protecteurs et les aides indispensables ; leurs mouvements de traction et de poussée doivent être combinés avec les violents efforts d'escalade et de gymnastique, auxquels il faut se livrer, et qui, malgré toute leur énergie, seraient insuffisants et tout à fait impuissants, sans le secours de bras vigoureux, façonnés à ce genre de service. L'un des Bédouins, sur le bloc supérieur, vous tend les deux mains auxquelles on s'accroche. Les deux autres, sur le bloc inférieur, vous poussent et vous soulèvent, pendant que le premier vous tire, et que par un mouvement de jambes démesuré, et à vous faire perdre tout équilibre, vous essayez d'atteindre le bloc d'en haut, et de porter le pied sur son rebord. C'est ainsi que, poussé, soulevé, tiré, hissé de bloc en bloc, on s'élève sur les flancs de la pyramide. Arrivé haletant, à moitié de la hauteur : — En avez-vous assez ? me dirent les Bédouins. Voulez-vous descendre ? — Non pas, continuons, — et nous continuâmes ce *grimpage*, éreintant, j'en conviens, mais séduisant par ses difficultés mêmes, par son originalité, et surtout par le but à atteindre.

Quand je fus enfin arrivé au sommet, sur la plate-forme, de quelques mètres seulement de surface, et sans parapet, je me sentis pris d'une indicible émotion, instinctivement, et la tête découverte et mon casque à la main, je fis un grand signe de

croix !... Était-ce un rêve? une illusion? étais-je
bien réellement là, sur la pyramide?... Mon imagi-
nation surexcitée, égarée, n'était-elle pas le jouet de
quelque hallucination?... Ce premier moment de
trouble passé, ma première pensée fut pour ma chère
compagne... Je la cherchai, et je la vis bien loin, bien
bas, dans la voiture, entourée d'un cercle de Bédouins...
Tout autour de moi quel panorama indescriptible !
quelle merveilleuse perspective!... A l'est, le Nil, le
Caire, ses jardins, ses mosquées, ses minarets et au
delà de la ville, le désert d'Arabie, dont les teintes
jaunâtres se mariaient, à l'horizon, avec l'azur du ciel.
De tous les autres côtés, le désert de Libye avec ses
sables dorés, ses espaces indéfinis, solitaires, mamelonnés, ondulants, comme une mer agitée; au
sud et dans le lointain, les pyramides de Sackarah,
sur les ruines et sur l'emplacement de Memphis,
l'ancienne capitale de l'Égypte, la ville où Joseph,
tout-puissant, reçut ses frères et le patriarche Jacob,
son père, à la cour du roi Pharaon !...

Il fallait descendre; là était le danger;

*Hoc opus, hic labor est...*

Pour monter, il faut être tiré, poussé, soulevé, et
se hisser, d'un bloc à l'autre; pour descendre, il faut
s'élancer et sauter du bloc supérieur, sur le rebord
du bloc inférieur; mais ce rebord est étroit, et sans
aucun appui, sans rien pour se retenir; or, si les
pieds tombent à faux, ou si l'élan est trop fort ou
mal calculé, on est inévitablement entraîné, précipité

dans le vide, et infailliblement perdu. Tel avait été, dernièrement, le sort d'un Anglais, qui, s'étant obstiné à refuser l'assistance des Bédouins, avait dégringolé de cette effroyable hauteur, roulant, rebondissant de bloc en bloc, déchiré, broyé, et en lambeaux, dans cette épouvantable chute. Peu tenté d'encourir une pareille catastrophe, je m'abandonnai complètement et docilement à mes trois Bédouins, et, grâce à eux, la descente, si effrayante qu'elle paraisse, et qu'elle est réellement, fut exempte de tout accident. Les deux Bédouins qui, dans la montée, m'avaient poussé, me devancent maintenant, sur chaque rebord, où leurs bras vigoureux me reçoivent et m'arrêtent, en m'offrant un point d'appui solide. Le Bédouin qui était en avant, et me tirait, pendant que les deux autres me poussaient, est cette fois en arrière, et me retient, au moyen d'une corde passée autour de mon corps. C'est ainsi que s'opéra la descente, et que j'arrivai heureusement à l'ouverture, par laquelle on entre dans l'intérieur de la pyramide.

Cette ouverture, située à une vingtaine de mètres de la base du monument, donne accès à un couloir, obscur, étroit, dont la voûte est si basse que pour y pénétrer il faut se courber le corps en deux, ramper, se traîner sur les mains et sur les genoux. Des Bédouins me précèdent et me suivent, avec ces petites bougies appelées *rats de cave*. Une fois engagé dans ce couloir, je me sens descendre, et entraîné sur une pente raide, glissante, presque irrésistible. Si l'obscurité est complète, la chaleur est suffocante;

j'étouffe ; l'air que je respire me dessèche, me brûle la bouche et les poumons ; je descends, je m'enfonce de plus en plus, dans les entrailles, dans les profondeurs de ce monument immense et mystérieux. Mais ces profondeurs ne recèlent-elles pas des cavités où je vais me perdre ? Des trous qui peuvent m'engloutir ? Si ces bougies s'éteignaient ? Si ces Bédouins m'abandonnaient dans ces ténèbres, s'ils me poussaient dans quelque abîme, après m'avoir dévalisé ? Si cette atmosphère infernale m'enlevait toutes mes forces, me paralysait, m'asphyxiait ? Comment sortir de là ? Comment remonter cette pente si raide et si longue ? Comment le sarcophage de Chéops a-t-il pu être introduit par un passage si étroit ? La pyramide n'a-t-elle pas été construite, après et par-dessus le caveau qui le renferme ? En outre des chauves-souris, qui habitent ces sombres cavités, si j'y rencontrais quelques-uns de ces terribles animaux dont l'Égypte abonde, vipères, scorpions, araignées chevelues et venimeuses ? — Telles étaient les pensées qui me traversaient l'esprit... Enfin nous arrivons à une première salle, ce n'est pas encore celle du sarcophage... mais je renonce à aller plus loin, à descendre plus bas ; j'étais épuisé de fatigue, ruisselant de sueur, à bout de forces et de courage ; je voulus quitter sans plus tarder ces affreux souterrains, et revoir la lumière... Oh ! qu'elle me parut belle, et que l'air du désert me sembla frais et délicieux, au sortir de ce tombeau, de cet étouffoir !

Je courus, tout d'abord, vers ma chère compagne ;

les Bédouins qui l'entouraient me saluèrent de leurs applaudissements ; l'un d'eux lui avait dit : « Madame, du haut des pyramides, quarante siècles vous contemplent ! » paroles légendaires qui n'ont point été oubliées en Égypte, et dont les Arabes et les Bédouins ont gardé, ainsi que du nom de Napoléon, un vivant souvenir.

Nous n'eûmes qu'à nous louer de cette tribu bédouine, parlant assez bien le français, polie, intelligente, mais un peu trop mendiante, un peu trop solliciteuse. de *Bakhchik*. Ces enfants du désert voulurent tous nous accompagner jusqu'au *grand Sphinx*, et, suivis de leur nombreuse et pittoresque escorte, nous nous mîmes en marche, sous un soleil brûlant, à travers les sables ondulants et mamelonnés, dont il fallait, tour à tour, gravir et descendre les pentes.

Le grand Sphinx est un monument colossal, situé à un kilomètre environ à l'est des pyramides ; il était presque enseveli sous les sables, lorsqu'en 1854 M. Mariette l'en dégagea incomplètement, car quelques-unes de ses parties en sont encore couvertes. Il a été taillé, sculpté, dans le rocher même ; sa tête et son cou mesurent 27 mètres de hauteur. Sa large figure, magnifiquement épanouie, porte encore la trace de la blessure que lui fit Cambyse, 525 ans avant J.-C.

Mais l'antiquité, l'histoire ancienne, ne sont pas les seules à revivre autour de ces pyramides de Gizeh et de ce désert, qui s'étend à l'infini sous nos yeux : la France s'y rencontre aussi, avec une splendide et impérissable auréole.

Si le promontoire d'Aboukir nous avait rappelé de glorieux faits d'armes de notre histoire ; à la vue des pyramides, de semblables souvenirs s'éveillent plus vifs, plus palpitants encore.

Le Circassien Mourad-Bey, le chef des Mameloucks, s'était déclaré indépendant de la Porte ; il avait usurpé la souveraine autorité en Égypte, bravé, insulté la France, dans la personne de son consul. Le 1er juillet 1798 le général Bonaparte, chargé de venger cette offense, débarque à la côte d'Alexandrie, et le 23 du même mois, à 4 heures du matin, notre armée apercevait les pyramides, et les saluait de ses acclamations enthousiastes !

Mourad-Bey était là, avec ses Mameloucks, milice brave et d'élite, composée des plus beaux hommes de la Circassie et de la Mingrélie, les premiers cavaliers du monde, d'un luxe asiatique, superbement équipés, couverts de soie, de cachemires, d'or, de bijoux et de magnifiques armures de Damas, montés sur des chevaux impétueux, rapides comme le vent, infatigables à la course, bondissant comme des gazelles, et dont les pieds fins et légers laissaient à peine d'empreinte sur le sable du désert.

C'était la première fois, depuis les croisades, que l'Orient et l'Occident se rencontraient pour se combattre. C'était ce même champ de bataille que, 525 ans avant J.-C., Cambyse, roi des Perses, fils et successeur de Cyrus, avait choisi pour écraser les Égyptiens ; le ravage et la cruauté signalaient son passage ; il détruisait le palais et le tombeau d'Osymandias, et laissait, partout, la trace barbare et sanglante de ses massacres et de ses dévastations.

Deux mille quatre cents ans plus tard, la France envahissait, à son tour, l'Égypte, et se trouvait face à face, avec elle, dans cette même plaine de sable, au pied de ces mêmes pyramides que Cambyse avait vues, et de ce même sphinx de granit, décrit par Hérodote, qu'il s'était plu à mutiler au visage. La France y venait pour y faire régner l'ordre et la civilisation; non plus pour renverser et détruire les monuments, mais pour les relever, les exhumer du milieu des sables, des décombres et des ruines, sous lesquels ils étaient enfouis, oubliés et perdus; elle y amenait ses archéologues, ses savants, les Geoffroy-Saint-Hilaire, les Fourier, secrétaire de l'Institut d'Égypte, et plus tard, les Ampère, les Champollion, les Mariette, pour déchiffrer et lire les hiéroglyphes, pour éclairer les ténèbres d'une histoire mystérieusement enfermée dans la nuit des temps, et pour enrichir nos musées, comme les bords du Nil, de merveilleuses collections artistiques et scientifiques, retrouvées et rendues à la lumière.

La France et l'Égypte étaient donc en présence, et allaient en venir aux mains, au pied des pyramides. Il était 6 heures du matin, quand la bataille commença. Bonaparte avait disposé son armée en carrés : des quatre côtés de chacun de ces carrés, hérissés de baïonnettes, jaillissaient le plomb, le fer et le feu de la fusillade; et les angles, en s'écartant, vomissaient la mitraille. C'était ces carrés impénétrables, commandés par Desaix, Marmont, Régnier, que les Mameloucks s'efforçaient d'ouvrir, d'enfoncer et de briser. Ils se ruaient sur eux, comme un ouragan, de toute la fougue de leurs chevaux ; arrêtés, foudroyés par ces murailles vivantes de fer et de feu, ils bondissaient tout à l'entour, les étreignaient de leurs replis, les enveloppaient de leurs nœuds, cherchant à les étouffer, quand ils ne pouvaient pas les entamer, les chargeant de front, les battant, comme des vagues furieuses battent un rivage. Quand les chevaux se cabraient, effrayés par cet horrible vacarme, par cette épouvantable mêlée, ils les forçaient d'avancer à reculons. Les cavaliers démontés se traînaient sur leurs genoux, rampaient comme des serpents pour poignarder nos soldats, qui, stupéfaits d'une pareille rage, croyaient avoir affaire à des forcenés, à des spectres, à des démons.

Mais tout cet acharnement fut inutile ; Mourad, voyant son armée écrasée et sa cause perdue, rallia ce qui lui restait d'hommes, et s'élança, de toute la vitesse de ses chevaux, tête baissée, sous le feu de nos soldats, vers le village de Gizeh, d'où il gagna la haute Égypte, avec 300 cavaliers, seuls débris de sa puissance. Il laissait en notre pouvoir, sur le champ de bataille, un immense butin, quarante pièces de canon, quarante chameaux, chargés de toute espèce de valeurs, ses tentes, ses esclaves, et de splendides armures.

Kléber qui, l'année suivante, après la victoire d'Aboukir, devait dire à Bonaparte, en le serrant dans

ses bras : « *Général, vous êtes grand comme le monde!* »
aurait pu lui dire, au soir de cette journée, et devant
les Pyramides : « *Général, vous êtes, vous serez un nouveau Sésostris!* »

Quels hommes, quels héros étaient nos soldats,
pour supporter de telles fatigues, déployer une telle
ardeur, accomplir de tels faits d'armes, par la température torride de l'Égypte, au mois de juillet, et
sur les sables brûlants du désert!

Jamais, à aucune époque, et dans aucun pays, la
puissance de l'homme ne s'est manifestée par des
monuments aussi durables et aussi grandioses que
les pyramides. Solidement assises sur leurs bases immenses, depuis quatre mille ans, elles ont vu passer
toutes les invasions, tous les cataclysmes, et s'écrouler
toutes les dynasties ; les plus grands guerriers,
Cambyse, Alexandre le Grand, Pompée, Jules César,
les sultans, Saladin, Sélim, surnommé le Féroce, Bonaparte, ont livré, à leurs pieds, les plus sanglantes batailles, et elles n'en ont subi aucune atteinte ; le
temps, qui use et détruit tout, les a laissées intactes,
invulnérables ; elles sont aujourd'hui ce qu'elles étaient
deux mille ans avant J.-C.; aujourd'hui, comme alors,
leur hauteur dépasse les plus hauts édifices de l'univers,
et leurs masses gigantesques se dressent, comme
autrefois, seules, isolées, au milieu des sables du
désert, avec un incomparable caractère de grandeur
et de majesté.

Mais que sont-elles, en elles-mêmes? et quelle est
leur signification? Dénuées de toute idée religieuse,

elles ne sont, en réalité, que des monuments d'orgueil, les plus étonnantes, sans doute, de toutes les œuvres humaines ; si colossales, si extraordinaires qu'elles nous apparaissent, dans leur ancienneté et leur immensité, elles ne traduisent, elles n'expriment rien autre chose que l'ambitieuse vanité de rois, avides et jaloux de perpétuer, à travers les siècles, leur nom et leur mémoire, ensevelis malgré tout, avec eux, dans l'indifférence et dans l'oubli de la mort.

Ce sont ces graves et philosophiques pensées qui inspiraient, il y a plus de quarante ans, l'âme éminemment religieuse de notre ami Paul Durand, dans une de ces nuits lumineuses, dont la pâle et limpide obscurité colore les vieux monuments d'une teinte sombre, en harmonie avec leur caractère, et les entoure d'une atmosphère vague et rêveuse qui leur donne un charme plus poétique et plus grandiose encore. Cet ami si regrettable, d'une trempe artistique si pure, si élevée, et si savant appréciateur de tous les trésors de l'antiquité, chanta, dans la solitude et le silence du désert, au pied même et en face de la grande pyramide de Chéops, le cantique des vanités, des petitesses et du néant des grandeurs humaines.

> « Tout n'est que vanité,
> Mensonge et fragilité !
>
> .   .   .   .   .   .   .   .   .   .   .
>
> Que sont donc devenus
> Ces Grands, ces guerriers connus,
> Ces hommes dont les exploits
> Ont soumis la terre à leurs lois?

> Les traits éblouissants
> De leur gloire,
> Leurs noms florissants.
> Leur mémoire,
> Avec ces héros
> Sont entrés au sein des tombeaux!... »

Notre matinée s'était passée, dans le désert, au milieu d'une tribu de Bédouins, à contempler les pyramides et le grand sphinx. Du sommet de la pyramide de Chéops, j'étais descendu dans les noires profondeurs de ses entrailles... Le soir, je voulus me baigner dans le Nil. Malgré de sages remontrances et d'affectueuses instances, je me lançai dans le fleuve, toutes précautions prises, pour ne pas être entraîné par le courant de ses eaux rapides. Chers lecteurs, que dites-vous de cette journée? est-elle assez bien remplie? et combien, dans toute sa vie, en peut-on compter de semblables? Le matin, l'ascension de la grande pyramide! le soir, une pleine eau dans le Nil!

DU CAIRE A PORT-SAID
PAR ISMAÏLIAH ET LE CANAL DE SUEZ

# DU CAIRE A PORT-SAÏD
# PAR ISMAÏLIAH ET LE CANAL DE SUEZ

Le 29 septembre, nous quittâmes le Caire, où nous avions passé huit jours seulement. Sans doute, c'était trop peu, pour une ville si importante qui possède tant de merveilles, et d'un si délicieux séjour; mais, ne l'oublions pas, la Terre Sainte était le but principal de notre voyage; l'Égypte n'en était que la partie accessoire et secondaire. Donc, le 29 septembre, à midi, toujours accompagnés de notre drogman, le brave Abd-Allad-Ald-El-Halil, nous arrivions à la gare, ma chère compagne en voiture, et moi galopant à ses côtés, sur un de ces charmants petits ânes, dont les allures vives et gracieuses m'avaient encore une fois tenté; nous y trouvions M. Victor Baccus et l'un de ses collègues, qui avaient bien voulu assister à notre départ; et la vapeur nous emporta.

Nos yeux restèrent tristement fixés sur les pyramides, sur la coupole et les minarets de Méhémet-Ali, aussi longtemps que nous pûmes les apercevoir; et quand, petit à petit, tout se fut évanoui et perdu, dans le vague et les lointains de l'horizon, nous éprouvâmes un douloureux serrement de cœur... Reverrons-nous jamais ces merveilles?...

La voie ferrée nous mène à travers de riches territoires, abondamment arrosés, et couverts de la plus magnifique végétation ; ce sont des champs de cannes à sucre et de cotonniers, dont l'épais feuillage est moucheté de fleurs jaunâtres. Nous côtoyons le canal d'*Ismaïlieh*, large et puissante dérivation du Nil, qui se divise en deux branches, dont l'une conduit les eaux du fleuve, d'un côté à Suez, de l'autre à Ismaïliah. Bientôt nous sommes dans le désert ; alors ce sont de tout autres aspects ; des plaines, des monticules de sables arides et d'un jaune grisâtre, s'étendent partout, et à l'infini, sans qu'un brin d'herbe, sans que la moindre verdure reposent un instant nos yeux de ces teintes, uniformes, dont la monotonie les fatigue et les atriste. Et pourtant, ce désert, s'il était fécondé par les eaux du Nil et cultivé, redeviendrait comme autrefois une terre fertile ; c'est le pays de *Gessen*, où Joseph avait établi ses frères, et le patriarche Jacob son père ; la culture et d'intelligentes irrigations lui rendraient toutes ses qualités productives, car ce sol sablonneux, dès qu'il est arrosé, se couvre d'une abondante germination, et les plantes les plus diverses s'épanouissent d'elles-mêmes à sa surface. La chaleur est accablante, nous respirons un air brûlant ; des nuages de poussière fine et blanche nous enveloppent et nous pénètrent, tandis que nous passons sur le champ de bataille où les Anglais, en 1882, ont vaincu et mis en fuite Arabi-Pacha et ses troupes insurgées.

Enfin, vers 5 heures, nous sortons de cette zone torride et vraiment africaine ; voici une plantureuse

et ravissante oasis de verdure et de fraîcheur; voici
de belles et longues allées d'acacias Lebeck, qui donnent un bienfaisant ombrage, un délicieux abri contre
l'ardeur d'un soleil dévorant; voici d'épais massifs de
tamaris et d'arbres d'essences variées, qui réjouissent
les yeux, au milieu des solitudes desséchées du désert;
c'est un bocage, sorti d'un océan de sables : ce bocage
est coupé, de l'ouest à l'est, et du nord au sud, par deux
larges avenues bordées de grands arbres, entre lesquels se sont alignés de modestes maisons de bois et de
petits hôtels, dont l'assemblage constitue la ville d'*Ismaïliah;* le canal de Suez la baigne, du côté de l'orient,
où M. de Lesseps a sa villa, et le vice-roi, un palais; au
sud, elle a pour limite le *lac Salé*, que traverse le canal.

Le canal est la raison d'être de cette ville minus-
cule, bâtie pour être le logement et le quartier général des ingénieurs et des ouvriers de toutes catégo-
ries, qui le creusaient, et qui, depuis son ouverture,
sont journellement occupés à son entretien. Elle est,
de plus, un port d'embarquement et de débarquement
pour les voyageurs, qui, du Caire, se rendent, comme
nous à Port-Saïd, ou de Port-Saïd au Caire.

Au sortir de la chaleur et de la poussière du désert,
un bain dans le *lac Salé* était indiqué; nous nous plon-
geâmes avec empressement dans ses eaux limpides,
au fond desquelles stagnaient de larges et mucilagi-
neuses *étoiles de mer*, et le lendemain matin, dès
6 heures, nous étions à bord du *Khédivier*, *l'Isis*,
autrement dit, du paquebot égyptien, arrivé de Suez,
et à l'ancre du quai d'Ismaïliah.

Le canal de Suez, œuvre française, et sans doute la plus grande œuvre de ce siècle, l'admirable conception, le magnifique produit du génie, du courage et de la persévérance de notre illustre compatriote, M. de Lesseps, nous offrait le plus vif intérêt ; c'était une des parties les plus importantes de notre itinéraire, et nous allions le suivre jusqu'à Port-Saïd. De Suez à Port-Saïd, il traverse plusieurs lacs ; sa longueur est d'environ 180 kilomètres, et sa largeur de 90 à 130 mètres ; il établit une communication directe entre la mer Rouge et la Méditerranée, et ses eaux salées, comme les eaux de ces deux mers, dont elles proviennent, sont assez larges et assez profondes pour admettre les navires du plus fort tonnage. Il a été creusé à travers le désert ; aussi, d'Ismaïliah à Port-Saïd, la vue n'embrasse à droite et à gauche, et à l'infini, que des espaces arides, sablonneux et mamelonnés. Dans ces immenses et ondulantes étendues, on n'aperçoit, de loin en loin, que quelques Bédouins nomades à dos de chameaux, un fusil en bandoulière, des pistolets à la ceinture, et une lance démesurément longue à la main. Sur tout le bord occidental, nous voyons, solidement fixés, les tuyaux métalliques qui conduisent à Port-Saïd l'eau du Nil, la seule eau potable qui alimente cette ville.

Du fait même de leur nature sablonneuse et par conséquent mouvante et sans consistance, les bords du canal sont le siège de glissements, d'éboulements, de fréquentes dégradations ; aussi, de place en place, nous trouvons de nombreux chantiers d'ouvriers arabes peu vêtus, terrassiers et maçons occupés à relever les sables, et à les contenir par des murs de soutènement. De longues files de chameaux montent et descendent les sentiers en zigzag, apportant des pierres, et emportant les sables; on répare, on redresse les bords, on élargit, on creuse le canal; de puissantes dragues, d'ingénieuses machines allongent leurs grands bras, les plongent dans ses profondeurs, et en retirent des couches de sable, qu'elles rejettent sur le haut de ses rives; c'est partout une activité incessante; grâce à ces travaux si soigneusement dirigés, le canal est dans le plus parfait état de conservation, et son lit loin de se rétrécir et de se combler, s'élargit et se creuse au contraire de plus en plus. Deux énormes pélicans, perchés sur un tertre, nous regardent passer, impassibles; nous filons grand train et à toute vapeur, le *Khédivier* est un bon marcheur: partis d'Ismaïliah à 7 heures, nous arrivons à *Port-Saïd* à midi.

Là se produit une scène inattendue : la population est massée, échelonnée sur le quai de débarquement; des drapeaux, des oriflammes se déploient, se balancent en signe de fête; une musique se fait entendre; des cris de joie, des applaudissements retentissent. Parmi les passagers du *Khédivier*, se trouvent deux ou trois pèlerins de retour du pèlerinage de la Mecque, et toutes ces démonstrations sont en leur honneur; on leur fait une réception chaleureuse, enthousiaste, frénétique. Au moment où ces pieux revenants quittent le bateau, et mettent le pied sur le quai, la foule franchit, renverse les barrières, se précipite, se rue à leur rencontre ; peu s'en faut que ma chère compagne ne soit bousculée, foulée aux pieds : c'est un délire que rien n'arrête, rien, excepté les volées de coups de bâton, que les gardes municipaux font pleuvoir sur la tête et les épaules des plus fanatiques. Ce n'est qu'à ce prix, et à coups de triques, qu'un peu d'ordre se rétablit dans cette affreuse bagarre ; nous pouvons alors nous échapper, et gagner l'*hôtel de France*, d'où nous voyons défiler, drapeaux et musique en tête, le bruyant cortège des pèlerins, salués, acclamés par une foule exaltée, qui se presse, s'incline devant eux, les embrasse avec transport, et baise leurs mains et leurs vêtements.

Après un bon déjeuner, et malgré une chaleur de 34 à 35 degrés, nous visitons la ville. Primitivement ce n'était qu'un port, creusé sur la Méditerranée, en 1860, par *Saïd-Pacha*, vice-roi d'Egypte, fils de Méhémet-Ali, pour protéger l'entrée des navires dans le canal. Petit à petit, des maisons, des établissements de toutes sortes, des hôtels s'élevèrent autour de ce port, et maintenant c'est une ville importante, dont les maisons, basses et en bois, n'ayant souvent qu'un rez-de-chaussée, sont régulièrement alignées le long de larges rues, dans lesquelles on marche sur d'épaisses couches de sable, terrain naturel du pays ; une vaste église catholique en pierre est en construction, la circulation est active et mélangée des accoutrements les plus divers ; d'élégantes toilettes parisiennes coudoient des burnous d'Arabes, de longues

robes de musulmans, des habits de marins et de ma-
telots. Port-Saïd est donc une ville intéressante, soit
par sa physionomie originale, soit par la rapidité avec
laquelle elle s'est établie et développée, à l'entrée de ce
merveilleux canal de Suez, route directe de l'extrême
Orient, fréquentée par tant de navires de guerre et de
commerce, de toutes les nations, et qui proclame si
haut le nom et le génie de la France.

A 4 heures, nous gravissons l'échelle du paquebot autrichien *le Daphné*; il devait partir à
6 heures, pour Jaffa; mais, en raison d'un charge-
ment très considérable de marchandises, il ne leva
l'ancre qu'à 11 heures du soir; il nous fallut, en
raison de ce retard, renoncer à l'espoir d'arriver le
lendemain à Jérusalem.

# LA PALESTINE

# LA PALESTINE

Avant d'aborder la terre sainte, il nous a paru convenable de retracer brièvement les principaux événements bibliques de l'*ancien*, du *nouveau Testament*, et de l'histoire moderne qui s'y sont accomplis, et notamment ceux qui ont illustré et sanctifié les lieux que nous avons visités. Si le souvenir de ces faits s'était quelque peu affaibli, nous avons pensé qu'en en rappelant la mémoire, nous rendrions, par cela même, notre récit et nos descriptions d'une lecture moins sèche, plus facile et plus intéressante.

Les Romains donnèrent le nom de *Palestine* à la région de l'Asie Mineure comprise entre la Syrie et l'Arabie; ils l'avaient divisée en quatre parties : la Judée, la Galilée, la Samarie et le pays de Galaad.

La Judée, au sud-ouest, devait son nom à la tribu de Juda, qui en fut la personnification la plus importante, et y joua toujours le principal rôle : elle avait pour capitale Jérusalem, située dans la tribu de Benjamin, près des sources du torrent de Cédron, à égale distance de la Méditerranée, de la mer Morte, ou lac Asphaltique. La Galilée, la plus septentrionale, était limitée au nord par le Liban, au sud par le Jourdain.

et le lac de Tibériade, ou mer de Galilée ; ses principales villes s'appelaient Nazareth, Cana, Capharnaüm,
Ptolémaïs, aujourd'hui Saint-Jean-d'Acre. La Samarie
comprise entre la Galilée au nord, la Judée au sud, le
Jourdain à l'est et la Méditerranée à l'ouest, eut pour
capitale, Sichem d'abord, Samarie ensuite. Le pays de
Galaad, région montagneuse, s'étendait entre le Jourdain à l'est, et l'Arabie Pétrée au sud-ouest ; sa ville
la plus importante était Jabès.

La Palestine est l'ancienne *terre de Chanaan;* elle
fut, pour les Israélites, la *terre promise;* elle est, pour
les chrétiens, la *terre sainte,* puisqu'elle a donné
naissance à Jésus-Christ, le divin Sauveur.

Aucun pays ne possède une égale richesse de souvenirs ; son histoire est incomparable ; elle est de tous
les âges. Dans le vieux monde, c'est l'*ancien Testament* tout entier, qui s'y déroule, à toutes les époques,
dans toutes ses phases, avec ses patriarches, ses rois,
ses prophètes. Dans le monde moderne, ce sont des
guerres sanglantes, le siège et la prise de Jérusalem
par Titus, des ruines, des désastres ; puis de pieuses
restaurations, sous l'empereur Constantin et l'impéra_
trice Hélène, et une ère de prospérité pour l'Église.
Plus tard, de nouvelles invasions : les Perses, les
Arabes, les musulmans provoquant les *croisades,*
guerres héroïques que prêchèrent en Europe Pierre
l'Ermite, Guillaume, archevêque de Tyr, saint Bernard,
et qui eurent pour chefs et glorieux combattants
Godefroy de Bouillon, Frédéric Barberousse, Richard
Cœur-de-Lion, Philippe-Auguste, saint Louis ! De

siècle en siècle, d'année en année, et de toutes les contrées du globe, affluent en Palestine des flots de populations, avides de posséder, de contempler, de vénérer les lieux saints.

Mais, entre ces deux mondes, le monde d'avant et le monde d'après Jésus-Christ, s'élève bien au-dessus de toutes les conceptions, de toutes les vicissitudes, de toutes les gloires humaines, et resplendit d'un merveilleux éclat, qui éclaire et régénère l'humanité, la période évangélique, le *nouveau Testament*, c'est-à-dire la naissance, la vie, la prédication, la mort, la résurrection, l'ascension du Sauveur, la diffusion de l'*Esprit-Saint* sur les Apôtres, et l'établissement de l'Église, au grand jour de la Pentecôte.

Avec quel bonheur on se sent fouler le sol sacré de cette terre de Chanaan, où, l'an du monde 2083, deux mille ans avant Jésus-Christ, Dieu fit venir Abraham qui habitait alors la Chaldée, pays voisin du Tigre et de l'Euphrate et du désert de l'Arabie ! Avec quelle joie et quel religieux enthousiasme on se trouve en présence des lieux consacrés par tous ces événements, dont les souvenirs ont bercé notre enfance, dont les émouvants récits ont instruit, édifié et charmé nos jeunes années !

Ici, c'est la *vallée de Mambré ;* les grands patriarches, Abraham, Isaac et Jacob y avaient fixé leur demeure ; c'est d'ici que Jacob partit avec ses enfants, pour l'Égypte, où il allait retrouver son fils Joseph à la cour du roi Pharaon.

Là, c'est le *mont Moriah* attenant à cette autre montagne, qui, plus tard, devait s'appeler le *Calvaire*, où par ordre de Dieu Abraham s'apprêta à immoler son fils Isaac. Isaac, la figure de Jésus-Christ, avait gravi le Moriah, portant le bois de son sacrifice, comme Jésus-Christ devait gravir le Calvaire, chargé de sa croix.

Voici *Béthel,* sur les confins de la tribu de Benjamin. C'est là que Jacob allant en Mésopotamie, pour y épouser Rachel fille de Laban, vit, pendant son sommeil, une échelle mystérieuse, qui de la terre s'élevait jusqu'au ciel : des anges montaient et descendaient, touchante image de la prière de l'homme, de la miséricorde et des consolations divines!

Voici le *Jourdain,* ce fleuve sacré, dans lequel le Sauveur voulut descendre pour y être baptisé par saint Jean!... Mais quinze cents ans auparavant, les Hébreux conduits par Josué, au sortir du désert, l'avaient traversé pour entrer dans le pays de Chanaan, la *Terre promise.* L'arche d'alliance, l'arche du Seigneur les précédait; à son aspect les eaux du fleuve s'étaient retirées, *Jordanis conversus est retrorsum,* et tout le peuple avait passé à pied sec, de même que, quarante ans plus tôt, il avait, au sortir de l'Égypte, traversé la mer Rouge, dont les eaux, à la prière de Moïse, s'étaient ouvertes pour lui livrer un miraculeux passage.

Après quarante ans d'attente dans le désert, l'entrée des Israélites dans le pays de Chanaan, dans la *terre promise,* dans cette terre de délices, *où coulaient des ruisseaux de lait et de miel,* fut comme une marche triomphale. David, divinement inspiré, la célébra dans un magnifique langage, chant d'allégresse, de reconnaissance et d'enthousiasme que l'Église nous fait redire dans sa sainte liturgie :

« Lorsqu'Israël sortit de l'Égypte... la mer le vit et
« prit la fuite... le Jourdain se retourna en arrière...
« Pourquoi donc, ô mer, fuyais-tu? et toi, Jourdain,
« pourquoi retournais-tu en arrière?... La terre entière
« fut ébranlée à la vue du Seigneur, à la vue du Dieu
« de Jacob, qui changea la pierre en des torrents
« d'eau, et les rochers en d'abondantes fontaines...
« Comment les nations pourraient-elles dire mainte-
« nant : où est leur Dieu? — Notre Dieu est dans le
« ciel, il fait tout ce qui lui plaît... il s'est souvenu
« de nous, et il nous a bénis... il a béni tous ceux
« qui le craignent, grands et petits.....
    « *In exitu Israël de Ægypto... mare vidit et fugit...*
« *Jordanis conversus est retrorsùm...* »

Après le passage de la mer Rouge, qui avait délivré les Hébreux, et englouti les Égyptiens, Moïse chantait aussi, de concert avec tout le peuple, un admirable cantique d'actions de grâces, ce même cantique où plus tard le génie de Rossini devait trouver une de ses plus sublimes inspirations :

« Chantons au Seigneur, car il a fait éclater sa
« gloire et sa puissance; il a précipité dans la mer le
« cheval et le cavalier... Le Seigneur est le maître de
« la guerre, il commande à la victoire : son nom est
« le tout puissant... *Cantemus Domino; gloriosè enim*
« *magnificatus est : equum et ascensorem projecit in*
« *mare... omnipotens nomen ejus.* »

Le Jourdain franchi, *la ville de Jéricho* était un formidable obstacle, Josué ordonne aux prêtres et aux lévites de porter, sept jours de suite, l'arche d'alliance autour de ses murs, et le septième jour, les murailles tombent d'elles-mêmes !

Mais voici *Bethléem !* voici l'étable où est né le Sauveur !... c'est là que Ruth, fille de Noémi, du pays de Moab, glanait les épis oubliés dans le champ de Booz. C'est là que, l'an du monde 2942, 1058 ans avant J.-C. naquit David, fils de Jessé ; il gardait les troupeaux de son père, quand Samuel, envoyé par le Seigneur, lui fit l'onction sainte qui le sacrait roi d'Israël.

*Hébron*, ville de la tribu de Juda, fut sa première capitale ; c'est de là qu'il partit pour s'emparer de la ville de *Jébus*, occupée jusqu'alors par les Jébuséens, anciens peuples du pays. Il fixa sa demeure dans cette ville qui bientôt fut appelée *Sion, Jérusalem*, la *sainte montagne du Seigneur, la ville de David*. Vainqueur des Philistins, il y fit transporter solennellement, et au son de tous les instruments de musique, l'*arche d'alliance ;* et, après quarante ans d'un règne glorieux, ce grand, ce saint roi, ce vaillant homme de guerre, ce prophète du *Messie*, ce chantre inspiré des psaumes, la plus sublime de toutes les poésies, y mourut de la mort des justes, et y fut pieusement enseveli.

Salomon son fils lui succéda ; roi puissant et magnifique, il régna, pendant quarante ans, non pas seulement sur les douze tribus d'Israël, mais encore sur tous les pays conquis par David, son père, qui s'étendaient de l'Euphrate, à l'orient, jusqu'à l'Égypte, au midi. Salomon bâtit la merveille du monde, le temple de Jérusalem, et, du fond de l'Arabie, la reine de Saba, attirée par sa renommée, vint avec une pompe royale admirer ses richesses et rendre hommage à ses grandeurs.

Après sa mort, les tribus d'Israël font un schisme dix d'entre elles se séparent des deux autres, prennent pour roi Jéroboam, et, se donnant pour capitale, *Sichem* d'abord, puis *Samarie*, elles constituent le *royaume d'Israël.* Les deux autres tribus, la tribu de Benjamin et la tribu de Juda, restent unies sous le nom de *royaume de Juda,* avec Roboam pour roi, et Jérusalem pour capitale.

Ces deux royaumes sont en luttes, en guerres continuelles, et 254 ans après leur schisme, 700 ans environ avant J.-C., le royaume d'Israël, infidèle au Seigneur, est vaincu et asservi par Salmanazar, roi d'Assyrie.

Le royaume de Juda fut de plus longue durée, et ne cessa point d'être gouverné par un prince de la maison de David. Mais *Juda même ne garda point les commandements du Seigneur son Dieu; il fit le mal devant le Seigneur, et suivit Israël dans ses égarements.*

C'est en vain que 700 ans avant J.-C. Isaïe, fils d'Amos et neveu d'Amasias, roi de Juda, prophétisa les malheurs qui vont tomber sur Juda et sur Jérusalem. C'est en vain que, cent ans plus tard, 600 ans avant J.-C., Jérémie, contemporain de Josias, roi de Juda, prédit la captivité de Babylone, la prise et la ruine de Jérusalem; c'est en vain qu'il remplit les rues et les carrefours de ses gémissements, de ses plaintes et de ses avertissements prophétiques :

« Les chemins de Sion pleurent leur solitude, parce
« que personne ne vient plus à ses solennités ; ses
« portes sont détruites, ses enfants ont été emmenés
« en captivité, à cause de la multitude de ses iniqui-
« tés. Jérusalem, Jérusalem, convertissez-vous au
« Seigneur votre Dieu.

« *Viæ Sion lugent, eò quod non sint qui veniant ad*
« *solemnitates ejus... parvuli ejus ducti sunt in captivi-*
« *tatem... Jerusalem! Jerusalem! convertere ad Domi-*
« *num Deum tuum...* »

Les menaces, les prières, les sollicitations du prophète ne furent point écoutées. Déjà, comme avertissement salutaire, le Seigneur, sous le règne d'Ezéchias, avait appelé en Judée, pour la ravager, Senachérib, roi d'Assyrie, *la verge et le bâton, dont il voulait frapper son peuple dans sa colère.* Cet avertissement, cette punition étant restés inutiles, quelques années plus tard, l'an du monde 3416, 584 ans avant J.-C., Nabuzardan, général des armées de Nabuchodonosor II, roi de Babylone, s'empare de Jérusalem, après un siège d'un an, démolit ses murailles, pille, brûle le temple et la ville, et emmène en captivité à Babylone le roi Sédécias et tous ceux que le fer avait épargnés.

Avec quelle vivacité de couleur et de sentiment, le psaume 136 nous dépeint la douleur des Juifs, retenus captifs loin de leur pays !

« Assis sur le bord des fleuves de Babylone, nous

« pleurions au souvenir de Sion, nous avions suspendu
« nos harpes aux saules des rivages, et quand ceux
« qui nous ont arrachés à notre patrie nous disaient :
« Chantez-nous quelque cantique de Sion, nous leur
« répondions : Comment chanterions-nous un canti-
« que du Seigneur dans une terre étrangère? O Jéru-
« salem, que ma main droite soit sans mouvement,
« que ma langue reste attachée à mon palais, si je
« t'oublie jamais!...

« *Super flumina Babylonis, illic sedimus et flevimus,*
« *cum recordaremur Sion ; in salicibus in medio ejus*
« *suspendimus organa nostra... Quomodo cantabimus*
« *canticum Domini in terra alienâ?* »

Quand les soixante-dix années de captivité prédites
par les prophètes Jérémie et Ezéchiel furent accom-
plies, sous le règne de Balthazar, petit-fils de Nabuchodonosor, Babylone fut prise par les armées réunies de
Darius fils d'Hystaspe, roi des Mèdes, et de Cyrus, roi
desPerses. Après la mort de Darius, Cyrus, son neveu,
devenu maître de tout l'Orient, publia un édit qui
permettait aux Juifs de retourner dans leur pays, et
de rebâtir le temple de Jérusalem; ils partirent au
nombre de plus de 42,000 hommes, 536 ans avant J.-C.,
sous la conduite de Zorobabel, prince de la maison
de David, d'Esdras, de la race sacerdotale, et du pieux
Néhémie, investi du titre de gouverneur de la Judée
pour les Perses. Les rives du Tigre et de l'Euphrate
entendirent alors leurs chants d'allégresse : « *Lorsque*
*le Seigneur délivra Sion de sa captivité, nous fûmes com-*
*blés de joie; notre langue chanta des cantiques de réjouis-*

*sance... In convertendo Dominus captivitatem Sion, facti sumus sicut consolati.* »

Mais le pays de Chanaan avait définitivement perdu son indépendance ; il resta sous la domination des Perses, jusqu'au temps d'Alexandre le Grand, qui s'en empara à la suite des victoires du Granique, d'Issus et d'Arbelles sur Darius Codoman, dernier roi des Perses. Après la mort du grand conquérant, 323 ans avant J.-C., tout le pays de Chanaan tomba au pouvoir de ses successeurs, dont le premier, Séleucus Nicanor, donna son nom à l'*ère des Séleucides*, ère des Antiochus, de l'impie et sacrilège Héliodore, le profanateur du temple de Jérusalem, ère malheureuse et tyrannique, qui dura 247 ans, et ne se termina que 64 ans avant J.-C. Mais dans toutes ces vicissitudes politiques, le souverain pontificat des Juifs ne cessa jamais d'être exercé par un des membres de la tribu de Juda.

Pendant cette époque de persécution cruelle et sanglante, sous le règne oppresseur d'Antiochus, Épiphane, roi de Syrie, 166 ans avant J.-C. l'ancienne valeur des Juifs, qui semblait à jamais éteinte, se ranima glorieusement avec les Machabées. Matathias, de la famille sacerdotale des Asmonéens, et après lui, ses cinq fils, dont le plus illustre fut Judas Machabée, luttèrent en vaillants guerriers, contre les rois de Syrie, pour rétablir leur indépendance nationale, et reconquérir leur liberté religieuse. Après d'héroïques combats, de brillantes victoires, ils parvinrent à ressaisir le pouvoir suprême, et à se maintenir dans le souverain pontificat, qu'ils exercèrent successivement, et transmirent à leurs successeurs Hyrcan I<sup>er</sup>, et Hyrcan II, dernier roi, dernier souverain pontife, de la grande famille asmonéenne des Machabées; il fut détrôné par Hérode Antipater, Iduméen d'origine, qui s'empara du pouvoir et régna au nom, et pour le compte des Romains, après la conquête de Jérusalem, par Pompée, 64 ans avant J.-C.

Jacob, avant de mourir, dans la terre d'Égypte, avait annoncé à ses enfants, assemblés autour de lui, que le sceptre ne sortirait de la tribu de Juda « *qu'au temps où viendrait Celui qui doit être envoyé, l'attente, le désiré des nations.* »

Cette prophétie célèbre du vieux patriarche, prononcée solennellement l'an du monde 2315, il y avait alors dix-sept cent quatre-vingt-cinq ans, allait recevoir son accomplissement. La souveraine autorité venait d'être enlevée à la tribu de Juda, pour passer aux mains des Romains, qui en disposaient à leur gré ; c'était l'annonce de la venue du Messie.

« L'an quinzième de l'empire de Tibère César,
« Ponce Pilate étant gouverneur de la Judée, Hérode
« tétrarque de la Galilée, Anne et Caïphe étant grands
« prêtres..... un ange du Seigneur, environné d'une
« grande lumière, apparut tout à coup au milieu de
« la nuit, à des bergers qui veillaient à la garde de
« leurs troupeaux, et leur dit : Ne craignez point, car je
« viens vous apporter une bonne nouvelle..... Aujour-
« d'hui, un Sauveur vous est né; c'est le Christ,
« le Seigneur....... Au même instant, il se joignit à
« l'ange une troupe de l'armée céleste louant Dieu, et

« disant : Gloire à Dieu, au plus haut des cieux, et
« paix sur la terre aux hommes de bonne volonté. »

C'en était fait du vieux monde ; il était fini : l'histoire ancienne, l'*ancien Testament* se fermaient, rem-
placés par un monde nouveau ; c'était la lumière
après les ténèbres : c'était la nuit, disparaissant au
soleil levant de Bethléem.

Si l'intérêt le plus vif s'attache au pays de Chanaan,
qu'ont habité les patriarches Abraham, Isaac et Jacob,
les chefs d'Israël, Gédéon et Samuel, les rois David
et Salomon ; les prophètes Élie, Isaïe et Jérémie ;
l'illustre famille des Machabées, et tant de personnages
célèbres aux titres les plus divers ; si l'on ne peut,
sans émotion, fouler un sol, où se sont accomplis
tant d'événements merveilleux, où la puissance
divine s'est manifestée d'une manière si visible, si
palpable, si saisissante, avec quelle émotion, mille
fois plus vive encore, ne songe-t-on pas que ce même
pays de Chanaan est la *terre sainte*, qui a vu naître
le Sauveur, le Dieu fait homme, venant changer la
face du monde, fonder l'Église, et ouvrir une ère nouvelle à l'humanité dégénérée ! Partout, à chaque pas,
on entend sa voix, ou la voix de ses disciples, on
adore sa présence, on est témoin de ses miracles :

Au désert, c'est Jean-Baptiste, son précurseur, *le
plus grand des enfants des hommes*, qui prêche la pénitence, et dit au peuple : « *Préparez les voies du Seigneur, rendez droits ses sentiers.* » A Bethléem, c'est
le concert des anges qui annonce sa venue, prédite
par les prophètes et attendue depuis quatre mille

ans ; ce sont les bergers et les Mages, les rois de l'Orient, adorant son berceau. A Nazareth, c'est *la sainte famille,* c'est l'Enfant Jésus *soumis à son père et à sa mère (et erat subditus illis),* et *croissant en sagesse en âge, et en grâce, devant Dieu et devant les hommes.*

Au *lac de Tibériade,* les foules l'entourent, avides de l'entendre ; les flots soulevés par la tempête s'apaisent à sa parole ; les cinq pains sont multipliés ; les malades sont guéris, et tout le peuple, dans l'admiration, rend gloire au Dieu d'Israël, et s'écrie : « *N'est-ce pas là le fils de David ?* »

A *Capharnaüm,* il ressuscite la fille de Jaïre : il dit au paralytique : « Emportez votre lit et marchez ; » il guérit le serviteur du centenier, dont la foi s'était affirmée par cette touchante prière : « Seigneur, je ne « suis pas digne que vous entriez dans ma maison, « mais dites seulement une parole et mon serviteur « sera guéri. »

A *Jéricho,* deux aveugles, assis sur le bord du chemin, s'écrient à son approche : « Fils de David, ayez pitié de nous, » et leurs yeux sont rendus à la lumière.

A *Béthanie,* dans la maison de Marthe et de Marie, il verse des larmes à la mort de Lazare : sur quoi, les Juifs disent : « Voyez comme il l'aimait ! »... Lazare rappelé à la vie et sort de son tombeau !

Les arbres, les rochers, les échos de la campagne, les parvis du temple semblent redire les paroles qu'ils entendaient de sa bouche divine :

« Laissez venir à moi les petits enfants, car le
« royaume de Dieu est pour ceux qui leur ressem-
« blent. Aimez-vous les uns les autres, comme je vous
« ai aimés ; le monde reconnaîtra que vous êtes mes
« disciples, à l'amour que vous aurez les uns pour les
« autres... Je vous laisse la paix, je vous donne ma
« paix ; je ne vous la donne pas comme le monde la
« donne... Je suis le cep de la vigne et vous en êtes
« les branches... Demeurez en moi et je demeurerai
« en vous... Si votre frère vous a offensés, reprenez-le,
« et s'il se repent pardonnez-lui... Faites aux hommes
« ce que vous voudriez qu'ils vous fissent... Un verre
« d'eau donné en mon nom recevra sa récompense...
« Que servirait à un homme de gagner tout l'univers,
« s'il perd son âme ?... Donnez à ceux qui vous
« demandent... Je suis le bon pasteur et je donne ma
« vie pour mes brebis... »

A *Jérusalem*, quels ineffables et incomparables souvenirs !

« Lorsqu'il fut près de Jérusalem, à la vue de cette
« ville, il pleura sur elle et dit : Ah! si du moins, en
« ce jour qui t'est donné, tu connaissais ce qui peut
« te procurer la paix! Mais maintenant tout cela est
« caché à tes yeux ; il viendra un temps, où tes enne-
« mis t'environneront de tranchées... ils te détruiront,
« et ne te laisseront pas pierre sur pierre, parce que
« tu n'as pas connu le temps où tu as été visitée.....
« Jérusalem, Jérusalem, combien de fois ai-je voulu
« rassembler tes enfants, comme un oiseau rassemble
« ses petits sous ses ailes, et tu ne l'as pas voulu! »

C'est ici que va s'accomplir le plus grand des événements que l'histoire ait jamais enregistrés ; la face de la terre en sera renouvelée : « *et renovabis faciem terræ* ». Jésus entre dans Jérusalem !... c'est un triomphe !... le peuple jette sur son passage les branches des oliviers et des palmiers qui bordent le chemin, et crie : « Hosanna, au fils de David ! béni soit celui qui vient au nom du Seigneur ! » Quelques jours se passent, et le même peuple lui fait gravir les pentes douloureuses et sanglantes du Calvaire en criant : « Crucifiez-le ! crucifiez-le ! » La croix s'élève, le voile du temple se déchire, les ténèbres couvrent la terre !... le Sauveur fait entendre cette dernière parole : « *Consummatum est ! tout est consommé !* »... et, inclinant la tête, il rend le dernier soupir, « *et, inclinato capite, emisit spiritum.* »

Mais le troisième jour commence à peine à luire, qu'un ange, tout éclatant de lumière, assis au fond du sépulcre, où avait été mis le corps du Seigneur, apparaît aux saintes femmes et leur dit : « Pourquoi cherchez-vous parmi les morts celui qui est vivant ? il est ressuscité ! » Quarante jours après, en dehors de la ville, à Béthanie, et sur cette même montagne des Oliviers, où les Juifs s'étaient emparés de lui, le Seigneur Jésus entouré de tous ses disciples, leur dit : « Allez par tout le monde, et prêchez l'Évangile à toute créature... » Quand il eut ainsi parlé, il les bénit, et s'éleva au ciel..... ils le virent monter à travers une nuée lumineuse, qui bientôt le déroba à leurs yeux !...

Alors ils rentrèrent à Jérusalem pour y attendre l'Esprit-Saint, qui, le jour de la Pentecôte, en fait des hommes nouveaux, éloquents, intrépides, embrasés de l'amour divin, parlant toutes les langues aux Juifs venus de toutes les nations. Trois mille hommes se convertissent à la première prédication de saint Pierre, et quand le même apôtre parle une seconde fois, cinq mille hommes confessent que le crucifié du Calvaire est vraiment le Seigneur, le Fils de Dieu, et Dieu lui-même, le souverain Maître!...

La haine, le fanatisme des juifs s'irritent; les apôtres sont emprisonnés ou dispersés : saint Étienne, le premier des martyrs, est lapidé; l'apôtre saint Jacques, évêque de Jérusalem et le premier évêque, est précipité du haut de la terrasse du temple. La persécution déborde dans toute la Palestine, cruelle, implacable. Mais l'Église naissante n'a rien à craindre; le sang des martyrs est une semence de chrétiens : « *sanguis martyrum semen christianorum...* » L'an 50 de Jésus-Christ, le premier concile se réunit à Jérusalem, sous la présidence de saint Pierre; saint Paul, de persécuteur devenu apôtre, y fait entendre sa parole, et apôtres et disciples se séparent pour aller prêcher l'Évangile à Éphèse, à Thessalonique, à Milet, à Mitylène, à Corinthe, dans l'Aréopage d'Athènes, et jusque dans Rome! Antioche était alors la capitale, la *reine de l'Orient;* les disciples de Jésus-Christ y prennent, pour la première fois, le nom de *Chrétiens;* saint Pierre en est le premier évêque, avant d'être le premier évêque de Rome, et le premier Pape de la chrétienté!...

Mais tout va changer dans la Palestine ; une époque nouvelle commence pour ce malheureux pays, époque de désastres, de guerres sanglantes. Les Juifs révoltés contre les Romains sont attaqués et vaincus par Vespasien d'abord, puis par Titus, qui, l'an de Jésus-Christ 70, s'empare de Jérusalem, après un siège meurtrier, dont l'historien Josèphe nous fait un effroyable tableau. Titus brûle le temple, et détruit la ville qui n'est plus qu'un monceau de ruines ! ainsi s'accomplissait la prédiction de Jésus-Christ, à son entrée dans Jérusalem, quelques jours avant sa passion.

130 ans après Jésus-Christ, l'empereur Adrien rebâtit la ville sous le nom d'*Ælia Capitolina*, mais il en interdit l'entrée aux Juifs, qu'il chasse de leur pays. En 320, l'empereur Constantin devenu chrétien lui rend son nom de *Jérusalem ;* l'impératrice sainte Hélène, sa mère, y fait, en 325, un pieux pèlerinage. Par son ordre, l'église du Saint-Sépulcre est édifiée sur le Calvaire ; on en creuse les fondations, qui mettent au jour, et laissent voir trois [croix, profondément enfouies ; l'une de ces croix est celle du Sauveur !... un miracle éclatant, la guérison subite d'un malade qui la touche, la signale et la distingue des deux autres.

La religion du Christ se réveille alors, plus florissante avec une sève toute nouvelle, dans toute la Palestine et les pays limitrophes ; de vaillants et illustres apôtres la prêchent, la propagent de toutes parts ; saint Athanase, patriarche d'Alexandrie, en 325, pendant le règne de l'empereur Constantin, est une des lumières du concile de Nicée, où tous les évêques assemblés en concile œcuménique rédigent le Symbole des apôtres, célèbre et magnifique profession de foi, connue sous le nom de *Symbole de Nicée.* Saint Cyrille, Père de l'Église grecque, évêque et patriarche de Jérusalem, combat sans trêve et sans merci l'hérésie d'Arius, qui attaquait la divinité de Jésus-Christ. Saint Grégoire de Nazianze, le *Théologien*, étudie à Césarée de Palestine, avant de se rendre à Athènes et à Constantinople, avec son ami saint Basile *le Grand*, né, comme lui, en Cappadoce. Saint Flavien, évêque d'Antioche, ordonne prêtre, et choisit pour son vicaire saint Jean Chrysostome, le plus éloquent des Pères de l'Église grecque, et plus tard le grand évêque de Constantinople. Saint Jérôme, *docteur de l'Église*, se livre dans le désert de Calcide en Syrie, avec quelques solitaires, compagnons de sa vie ascétique, à toutes les austérités de la pénitence, en même temps qu'il compose de nombreux écrits, où brillent son esprit ardent, sa vaste érudition et son éminente vertu. Deux grandes Dames romaines, sainte Paule et sa fille sainte Eudoquie, renoncent au luxe et à l'opulence de la vie mondaine qu'elles mènent à Rome, et se retirent en terre sainte, à Bethléem, où elles fondent plusieurs monastères pour y recevoir les pèlerins, qui viennent visiter les lieux sanctifiés par la présence du Sauveur. Des moines, des cénobites, des anachorètes se confinent au fond des solitudes ; ils y pratiquent toutes les mortifications, ils y sont l'exemple de toutes les vertus ; Salluste, évêque et patriarche de

Jérusalem, leur donne pour chefs et supérieurs, les saints Théodose et Sabbas.

Le christianisme, toujours vainqueur de la persécution, franchit de tous les côtés les limites de la Palestine. De Bethléem, de Nazareth, de Capharnaüm, de Jérusalem, ses divins berceaux, il rayonne, comme de foyers toujours ardents, s'étend aux pays voisins et les éclaire *comme une brillante aurore venue d'en haut les visiter*. La Syrie, la Phénicie, la Cappadoce, la Bithynie, l'Égypte ont leurs fidèles, leurs prêtres, leurs évêques, leurs martyrs. A Éphèse, dès les premières années, nous trouvons saint Jean l'Évangéliste, saint Paul et son disciple saint Timothée ; à Smyrne, saint Polycarpe ; plus tard, à Alexandrie, saint Athanase, saint Clément d'Alexandrie, saint Jean l'Aumônier ; à Carthage, saint Cyprien ; à Hippone, saint Augustin, le plus grand des Pères de l'Église latine, l'un des plus vaillants défenseurs de la foi chrétienne, à laquelle l'avait conquis son admirable mère, sainte Monique. D'illustres solitaires, saint Paul l'ermite, le fondateur de la vie monastique en Orient, saint Antoine, saint Pacôme, sont la gloire des déserts de la Thébaïde.

Mais, au vii$^e$ siècle, voici venir les Persans, les Arabes ; et au xi$^e$, les Turcs, comme un torrent dévastateur, ils se répandent dans la Judée, envahissent les pays les plus chers aux chrétiens, s'emparent de Jérusalem, détiennent et profanent les saints lieux. L'Europe pousse un long cri de douleur, d'indignation et de vengeance ; elle se lève en armes ; les rois, les empereurs, les princes, les chefs les plus fameux de France, d'Allemagne, d'Italie, d'Angleterre, partent en guerre, et, à huit reprises différentes, pendant les xiie et xiiie siècles, de 1096 à 1270, ils passent les mers, et marchent contre les infidèles, pour la délivrance de la terre sainte.

Victorieux d'abord, les *Croisés* fondent le royaume de Jérusalem, dont Godefroy de Bouillon est le premier roi. Mais l'islamisme, un instant vaincu, se relève, reprend l'offensive; les luttes acharnées se succèdent pendant deux siècles, avec des fortunes diverses, et finalement, après la huitième croisade, après la mort de saint Louis, à Tunis, en 1270, et malgré les avantages remportés par Charles d'Anjou, son frère, les colonies chrétiennes établies en Orient par les croisés sont détruites, et la Palestine retombe tout entière sous le joug des musulmans.

Mais, si par droit de conquête, et par le fait des exigences de la politique, le croissant de Mahomet domine les monuments et les remparts, au-dessus desquels on voudrait voir planer la croix de Jésus-Christ, la chrétienté n'en a pas moins toujours eu les yeux fixés sur la terre sainte. Si elle n'en est pas la maîtresse, du moins elle a toujours voulu en être, et elle en est encore la fidèle et pieuse gardienne.

Les croisés y étaient à peine débarqués, qu'ils fondaient les ordres religieux et militaires des *Templiers* et des *Hospitaliers, ou Chevaliers de Saint-Jean de Jérusalem*, chargés de veiller sur les lieux saints, d'y recevoir, et d'y protéger les pèlerins. Après la prise

de Jérusalem, par Saladin, en 1188, les Templiers et
les Hospitaliers sont forcés de s'exiler, d'abord à
Saint-Jean d'Acre, puis en Chypre et à Candie. En
1310, les Hospitaliers se réfugient à Rhodes, où, pendant deux siècles, ces vaillants chevaliers repoussent
victorieusement les attaques des Sarrasins. Succom-
bant sous le nombre et chassés de cette île, en 1522,
par Soliman, Charles-Quint leur donne l'île de Malte,
où ils s'établissent sous le nom de *Chevaliers de
Malte ;* ordre toujours militaire et religieux, célèbre
par ses nobles actions, par sa bravoure, par les hauts
faits et le rare mérite de ses Grands Maîtres. C'est
ce même ordre des *Chevaliers de Malte*, que le
pape actuel, Léon XIII, si admirablement secondé par
le zèle et l'éloquence du cardinal Lavigerie, s'efforce
de reconstituer, pour combattre et détruire l'abomi-
nable traite des nègres africains, qui ensanglante et
dépeuple les hauts plateaux de l'Afrique centrale.

Aujourd'hui la Palestine renferme de nombreux
monastères d'hommes et de femmes, asiles, hôtels,
hôpitaux pour les voyageurs et les pèlerins ; pensionnats, maisons d'éducation pour les deux sexes, couvents consacrés à la prière, à la prédication, à la
célébration des offices, dans les églises et les sanctuaires. Tous ces pieux établissements vivent en paix
et prospèrent, sous la protection du gouvernement
turc, libéral et bienveillant pour toutes les croyances
religieuses.

Ce ne sont pas seulement les prêtres réguliers et
séculiers, les évêques, les sœurs, de l'Église latine ou

catholique, qui se sentent attirés vers les saints lieux, pour y faire comme une garde d'honneur, les sauvegarder par leur présence et les entourer d'un culte de vénération. Un nombreux clergé schismatique grec est là aussi, avec la même assiduité, avec tous les degrés de sa hiérarchie ; il y célèbre ses offices, ses cérémonies, avec la pompe, et suivant les rites qui lui sont propres : il existe entre ces deux clergés, entre ces deux Églises latine et grecque, vivant ainsi côte à côte, et se touchant de si près, une sourde et constante rivalité ; les Grecs, énergiquement soutenus par la Russie, et ne se résignant que difficilement à voir à côté d'eux les Latins, et à leur reconnaître les privilèges qui leur appartiennent. Tous les gouvernements chrétiens des Églises grecque et latine ont leurs représentants en terre sainte ; et dans les jours de solennités, les consuls de France, ont seuls, le droit d'assister officiellement avec leur suite, revêtus de leurs insignes, et en grand apparat, aux cérémonies religieuses; les Latins et les Grecs se sont souvent disputé la possession des lieux saints ; cette dispute a été une des causes de la guerre de 1854, entre la France et la Russie.

A toutes les époques, la Palestine a été visitée par des savants, des littérateurs de tous les pays; parmi les Français, citons le plus illustre des auteurs de ce siècle, Chateaubriand. En 1806, au retour de son voyage en terre sainte, il s'enferme dans sa retraite de la *Vallée-aux-loups*, près de Sceaux, il y écrit les *Martyrs* et l'*Itinéraire de Paris à Jérusalem*, qu'il publie en 1811. Lamartine se rend aux saints lieux, en 1832 ; et en 1835 il publie en même temps *Jocelyn*, et le *Voyage en Orient*. Quelques années plus tard, M. de Saulcy est assez heureux pour y faire de précieuses découvertes archéologiques, qui maintenant enrichissent le Louvre. M. Renan, dont nous n'acceptons pas les doctrines anti-religieuses, en rapporte aussi pour notre grand musée des monuments intéressants. Notre parent Victor Guérin, dont le nom est si connu, et en si grande estime dans tout l'Orient, fait, en terre sainte, plusieurs voyages, de savantes recherches, de courageuses et patientes explorations, décrites dans ses livres, où une science profonde s'allie aux sentiments religieux les plus sincères et les plus éclairés. M. de Vogué, ambassadeur de France à Constantinople, et savant archéologue, écrit un ouvrage des plus intéressants, sur les églises de la terre sainte qu'il a visitées. Tous les ans, des voyages habilement préparés et conduits s'organisent à Paris ; et, au printemps et à l'automne, des caravanes de pèlerins partent pour Jérusalem. N'oublions pas de citer le pieux et très érudit franciscain, frère Liévin de Hamme, dont nous avons un *guide* excellent et très complet, aux sanctuaires et lieux historiques de la terre sainte.

La Palestine, ou terre sainte, avons-nous dit, se compose de quatre provinces : la Judée au sud, la Samarie au centre, la Galilée au nord. Ces trois provinces forment une sorte de longue bande de territoire, bornée au midi par le désert d'Arabie, confinant

à la basse Égypte ; au nord par la Syrie et le Liban ;
à l'ouest par la Méditerranée ; à l'est par le Jourdain,
le lac de Tibériade, et la mer Morte. La quatrième
province, le pays de Galaad, que nous n'avons pas
visitée, et dont nous ne parlerons pas, s'étend à
l'est du Jourdain, et se termine au désert du Sinaï
et de la haute Égypte.

C'est au centre de la Judée, et sur la montagne de
Sion, que s'élève Jérusalem, la ville sainte ; tout près
de ses murs coule le torrent de Cédron, que David,
victime de l'ingratitude et de la révolte de son fils
Absalon, avait traversé en fugitif, et que 1060, ans
plus tard, Jésus-Christ devait traverser à son tour, la
veille de sa passion. Le Cédron passe entre la ville et
la montagne des Oliviers, que David, trahi par son
fils, avait gravie, en l'arrosant de ses larmes ; larmes
symboliques et figuratives de celles que Jésus-Christ
devait répandre sur cette même montagne, la nuit où
le traître Juda le livrait à la fureur des Juifs. Si la
montagne des Oliviers nous rappelle les douloureux
et poignants souvenirs du jardin de Gethsémani,
elle nous redit aussi la triomphante ascension du
Sauveur, quarante jours après sa résurrection glorieuse ;
on y voit, on y vénère la place où ses pieds sacrés
se sont élevés de la terre vers le ciel.

A la base du mont des Oliviers, s'étend la vallée
de Josaphat, arrosée par le Cédron ; c'est là, nous dit
le prophète Joël, que se tiendront, à la fin des temps,
les grandes, les suprêmes assises du jugement dernier. Le mont des Oliviers couvre encore de son

ombre le bourg de Béthanie, où habitaient Marthe et
Marie, avec leur frère Lazare, que Jésus aimait, et
qu'il rappela à la vie, après avoir pleuré sur son
tombeau.

Bethléem est à une heure et demie de Jérusalem ;
le berceau du *Fils de l'homme* est voisin de sa croix ;
la crèche est proche du Golgotha ; les chants aériens
des anges, le *Gloria in excelsis* annonçant sa naissance, ont été entendus non loin des cris de mort du
Calvaire ; les imprécations, les blasphèmes du peuple,
des Scribes et des pharisiens, ont retenti tout près de
l'adoration des bergers et des Rois Mages, et l'étoile
mystérieuse de l'Orient a brillé sur le même horizon,
qu'ont obscurci les ténèbres du Vendredi saint.

Dans les environs de Bethléem, se trouve Rama,
sanglant théâtre, et touchant souvenir du massacre
des *Innocents* et des paroles prophétiques prononcées
par Jérémie : « Un grand bruit, des plaintes, des cris
« lamentables, ont été entendus dans Rama : c'est
« Rachel qui pleure ses enfants, et qui ne veut point
« être consolée, parce qu'ils ne sont plus. »

Le Jourdain est proche ; Jésus vint de Galilée au
bord de ce fleuve, pour y être baptisé par saint Jean,
qui s'écria, en l'apercevant : « Voici l'Agneau de Dieu,
« voici Celui qui efface les péchés du monde » ; et
quand Jésus fut sorti des ondes baptismales, l'Esprit
de Dieu descendit sur lui, en forme de colombe, et
on entendit une voix du ciel qui disait : « C'est mon
« fils bien-aimé, en qui j'ai mis toute mon affection. »

C'est encore dans la Judée que nous trouvons

Hébron, la première capitale de David; et à deux heures de Jérusalem, le bourg d'Emmaüs, où se rendaient les deux disciples, s'entretenant tristement de tout ce qui s'était passé à Jérusalem, lorsque, sur la route, Jésus leur apparut, et marchant avec eux, sans se faire reconnaître, leur expliqua les grands événements que leur esprit aveuglé n'avait pas su comprendre.

La Samarie est moins riche que la Judée en souvenirs évangéliques; elle n'était guère, pour notre Seigneur et ses disciples, qu'un lieu de passage entre la Judée et la Galilée. Cependant c'est dans la Samarie, et auprès de la ville de Sichar, que se place le ravissant épisode du *puits de Jacob*, de Jésus, fatigué du chemin, assis sur le bord du puits, et demandant à boire à la Samaritaine, qui venait y puiser de l'eau: touchant et symbolique entretien, où le Sauveur révèle à une pauvre pécheresse la vertu surnaturelle des eaux vives et figuratives de la grâce divine, dont il est la source, « eaux jaillissantes jusque dans la vie éternelle », qui désaltèrent à tout jamais la soif, et sont plus délicieuses encore que l'eau du puits creusé par le patriarche Jacob.

Bethel est non loin de là; Jacob, nous l'avons déjà rappelé, y vit en songe l'échelle mystérieuse, et Samuel, le dernier juge d'Israël, y rendait la justice au peuple.

Sur les côtes de la Samarie, nous trouvons la ville de Césarée, fondée par Hérode, roi de Judée, et résidence des gouverneurs romains. L'an 58, saint Paul, dont les courageuses prédications à Jérusalem, avaient ameuté, contre lui, le fanatisme des juifs, y fut amené, sous bonne escorte, pour y être déféré au tribunal des gouverneurs Félix et Festus, qui le retinrent prisonnier pendant deux ans, et l'envoyèrent ensuite à Rome. C'est dans ce voyage, que, naufragé, et jeté par une tempête dans l'île de Malte, le grand apôtre fut mordu à la main par une vipère, sans en éprouver aucun mal.

La Galilée est par excellence le pays de Jésus; c'est là, dans la ville de Nazareth, qu'au retour de l'Égypte, Joseph et Marie fixent leur demeure, afin que cette parole des prophètes soit accomplie : « Il sera appelé Galiléen, Nazaréen. » En Galilée, tout rappelle le Sauveur; la trace de ses pas est partout; les villes et les campagnes redisent ses paroles; l'air qu'on respire est comme embaumé de son parfum; on dirait que toute la nature est comme imprégnée des suaves émanations qu'exhalait la personne divine et sacrée du *plus beau des enfants des hommes ;* il semble que les échos répètent encore les acclamations des foules pressées à sa suite, pour le voir, pour l'entendre, pour être témoin de ses miracles ; elles l'appelaient : « *Maître, Seigneur, Prophète, fils de David* »; elles le bénissaient, elles voulaient le faire Roi, quand il guérissait les malades, ressuscitait les morts, prêchait l'Évangile de Dieu, et les nourrissait dans le désert, au nombre de plus de cinq mille hommes, de cinq pains et de deux poissons, multipliés par sa toute-puissance.

A Cana, dans un repas nuptial, il fait son premier

miracle, et change l'eau en vin. A Naïm, il rencontre un cortège funèbre ; c'est le fils unique d'une femme veuve qu'on porte en terre ; il le ressuscite et le rend à sa mère. Il quitte Nazareth pour aller demeurer à Capharnaüm ; il y guérit un paralytique ; il y rend la vue à deux aveugles, et ressuscite la fille de Jaïre, chef de la synagogue. La mer de Galilée est bouleversée par une tempête ; il dit un mot, les vagues furieuses se calment, et les vents déchaînés s'apaisent. Sur le Thabor, il se revêt pour quelques instants de la majesté divine ; ses vêtements resplendissent de la blancheur de la neige ; et ses disciples, Pierre, Jacques et Jean, et les prophètes Moïse et Élie, peuvent à peine contempler l'éclat rayonnant de son visage transfiguré.

Tel est le pays que, nous aussi, nous avons voulu visiter, après tant d'autres voyageurs ; nous avons désiré connaître et vénérer les saints lieux, où se sont accomplis les grands mystères, fondements de notre foi, où se sont produits les événements consignés dans l'*ancien* et le *nouveau Testament*, lectures ineffables et sacrées, qui ont instruit et charmé notre enfance et notre jeunesse, comme elles instruisent et charment encore notre vieillesse.

# DE JAFFA A JÉRUSALEM

# DE JAFFA A JÉRUSALEM

Partis, ainsi que nous l'avons dit, le dimanche 30 septembre, de Port-Saïd, à 11 heures du soir, sur le paquebot du Lhoyd autrichien le *Daphné*, nous arrivâmes le lendemain, lundi 1ᵉʳ octobre, à 1 heure après midi, en vue de Jaffa, l'ancienne *Joppé*. C'est dans cette ville que saint Pierre, qui habitait au bord de la mer la maison d'un corroyeur appelé Simon, rappela miraculeusement à la vie une pauvre veuve nommée Tabithe ; et c'est de là qu'il partit, pour aller à Césarée, donner le baptême au centurion Corneille, et à toute sa famille. C'est là qu'en 1799, le général Bonaparte, pour relever le moral de ses soldats vainqueurs, mais décimés par la peste, n'hésita pas à s'exposer courageusement, et au péril de sa vie, à la contagion de cette épouvantable maladie.

Jaffa est une ville de six mille habitants environ, bâtie en amphithéâtre sur un promontoire de forme pyramidale ou triangulaire, ce qui lui donne un aspect imposant et pittoresque. Des récifs, des écueils à fleur d'eau, empêchent les navires de s'en approcher ; il n'y a, du reste, aucun port de refuge, aucune digue protectrice et de sûreté ; aussi, dans les gros temps, tout débarquement est impossible, les paquebots ne peuvent s'y arrêter, et doivent gagner directement Beyrouth.

Le temps heureusement était favorable; mais si bonne que fût la mer, nous la voyions cependant agitée, écumante et se brisant avec fracas, au milieu des rochers qui hérissaient sa surface. Le *Daphné* jeta l'ancre, à un quart de lieue au large, et bientôt nous aperçûmes une multitude de barques ballottées, secouées par les vagues, se dirigeant, à force de rames, vers notre paquebot. Quand elles l'eurent atteint, ce fut une véritable escalade, une prise d'assaut : hôteliers, portefaix, âniers, drogmans, bateliers, grimpèrent, se hissèrent en un instant sur le pont, pour saisir, se disputer, s'arracher voyageurs, bagages et marchandises; il y eut, comme à Alexandrie, un tohubohu, une mêlée, une bousculade, des cris, des poussées à en être effrayé, abasourdi. Dans cette étourdissante bagarre, un homme tout vêtu de blanc va droit à ma chère compagne : — « Madame n'est-elle pas madame Guibout? — Oui, Monsieur, mais comment me connaissez-vous? et qui êtes-vous? — Je suis l'agent de la compagnie Cook; une dépêche télégraphique m'a annoncé votre arrivée; je suis chargé de vous débarquer; un landau est prêt, et vous attend. Je vous y installe, et vous partez tout de suite pour Jérusalem! Où sont vos bagages? — Il fait un signe; deux individus s'emparent de nos quatre colis et disparaissent. — Ne vous inquiétez de rien; je réponds de tout. » Nous descendons l'échelle, et gagnons la barque, que nous signale le petit drapeau de *Cook*; arrivés au quai, la douane turque, toujours si tracassière et si rapace nous arrête; l'agent de Cook dit quelques mots; elle nous laisse passer; nous voilà dans Jaffa; nous gravissons, avec lui, des rues étroites, malpropres, en pente raide, bordées de maisons de vilaine apparence; et dans le haut de la ville, sur la place du marché, il nous montre un landau attelé de deux chevaux et d'un mulet; c'est le nôtre; nos bagages y sont déjà, et en bon ordre, nous n'avons rien à payer, pas même un pourboire; le cocher fouette, et nous partons....... N'est-ce pas admirable, extraordinaire?

Vu de la mer, nous l'avons dit, le panorama de Jaffa est remarquable : les maisons s'échelonnent agréablement sur les flancs d'un promontoire élevé, et de forme triangulaire; à l'intérieur au contraire, tout est sale et répugnant, rues, maisons et population. Mais à peine est-on sorti de la ville, du côté opposé à la mer, qu'on se trouve au milieu d'immenses jardins d'orangers, de mandariniers entourés de haies de cactus. Ces jardins ont une grande réputation; à l'époque de la floraison, leur parfum se répand au loin en mer, et sur la route de Jérusalem; quant aux oranges, elles sont, dit-on, sans rivales, tant pour la grosseur que pour la saveur exquise.

Jaffa est à 55 kilomètres de Jérusalem; c'est le lieu de passage, le point d'arrivée et de départ, d'embarquement et de débarquement, le plus habituel de tous les pèlerins qui se rendent à la ville sainte, ou qui en reviennent; une route carrossable assez bien entretenue relie les deux villes. Un vaste horizon s'ouvre devant nous ; nous entrons dans la plaine de *Saron*, plaine immense, désolée et désolante, nue, desséchée, sans végétation, sans arbres, sans verdure, sans eau, (*terra sine aquâ*), et sans habitants ; elle nous offre, tout de suite, et dès l'abord, un tableau fidèle et résumé de toute la Palestine.

Et n'est-ce pas, en effet, le caractère et la physionomie qui conviennent à ce pays déicide ? ces plaines et ces montagnes ne devaient-elles pas porter le stigmate et l'empreinte de la malédiction divine ? Maudites par les prophètes et par le Christ rédempteur, ne devaient-elles pas, par leur tristesse même, attrister nos yeux, et assombrir nos pensées ? Les chemins qui mènent à la Voie douloureuse, au Calvaire, au saint sépulcre, pouvaient-ils ne pas avoir une teinte morne et lugubre ? La nature tout entière pouvait-elle ne pas se couvrir comme d'un voile de deuil, dans les lieux où l'*Agneau sans tache* avait été immolé ? où *le Fils de l'homme, qui avait passé en faisant le bien*, avait été flagellé, couronné d'épines et crucifié ?

Vers 5 heures du soir, nous arrivons au village de *Ramlé*, l'*Arimathie* de l'Évangile, où nous passerons la nuit. L'hôtel, le seul de l'endroit, est tout petit, mais d'une propreté parfaite. Tandis que l'Allemand qui en est le patron s'occupe de préparer notre dîner, nous allons visiter le couvent des franciscains, humble et modeste établissement, bâti, suivant les traditions, sur l'emplacement de la maison de Nicodème et de Joseph d'Arimathie. Un bon religieux, misérablement vêtu, nous reçoit de son mieux, nous offre une réfection, et nous fait visiter sa pauvre chapelle. A l'autre bout de la rue, nous frappons à la porte de la maison des *sœurs de Saint-Joseph*, qui tiennent une école, enseignent le français, visitent et soignent les malades, et sont de véritables anges, au milieu de cette population, plus musulmane que chrétienne.

Le 2 octobre, dès le matin, après une excellente nuit, dans des lits irréprochables, nous reprenons notre landau ; nous allons suivre une route aride et sans ressource, aussi nous emportons un indispensable panier de provisions. Les montagnes de la Judée nous apparaissent avec leurs teintes bleuâtres, leurs cimes arrondies et leur aspect sauvage ; nous nous en rapprochons de plus en plus ; nous traversons *Latroum*, patrie du bon larron ; puis *Samouil*, où naquit et fut enterré le prophète Samuel ; nous passons non loin du champ de bataille où David, armé de sa fronde, tua le géant Goliath. La chaleur devient intense ; notre attelage est haletant ; il faut déjeuner. Nous nous arrêtons devant une auberge, où, pour tout ravitaillement, nous ne trouvons que de l'eau ; mais, sous ce ciel de feu, quoi de plus délicieux qu'une carafe remplie d'une eau fraîche et limpide ? Nous exhibons nos provisions ; mais d'innombrables essaims de grosses mouches noires, plus affamées que nous, nous les disputent, bourdonnent tout à l'entour, les enveloppent, s'y attachent, et couvrent jusqu'à nos visages.

Nous partons ; et bientôt nous atteignons la région montagneuse : nous gravissons et descendons, tour à tour, une série de montagnes rocheuses, sans végétation, sans arbres, sans eau ; d'épaisses couches de pierres attristent partout leur surface, et encombrent notre route escarpée et cahotante. Nous sommes, tantôt sur des sommets rocailleux, d'où nous n'apercevons rien que d'autres sommets semblables, et tantôt dans des bas-fonds, brûlés par le soleil. A chaque cime que nous atteignons, nous espérons toujours qu'elle sera la dernière, et que nous découvrirons Jérusalem. Enfin, vers 4 heures après midi, la ville sainte nous apparaît !

A l'approche, à l'aspect de Jérusalem, quelle indicible émotion ! on ne regarde pas, on se recueille, on prie, on adore, on se souvient ! Il semble entendre, comme autrefois Moïse, au buisson de la montagne d'Horeb, une voix qui vous dit : « N'approchez pas d'ici, « ôtez les souliers de vos pieds, car le lieu où vous « êtes est saint ! » — ou, comme saint Jean l'évangé- « liste, dans l'île de Pathmos : « C'est ici la maison du « Seigneur, et le tabernacle de Dieu parmi les « hommes ! »

Quels souvenirs ineffables et quelles inexprimables pensées ! Jérusalem, ce n'est pas seulement la sainte cité de Sion, la ville de David ; ce n'est pas seulement la ville du Fils de Dieu incarné, vivant parmi les hommes, pour les sauver, enseignant dans le temple, acclamé le jour des Rameaux ; ce n'est pas seulement la ville de la dernière cène, de la passion, du Calvaire, de la résurrection glorieuse, de l'ascension, de la Pentecôte ; son nom saint et sacré entre tous les noms symbolise

encore et personnifie l'Église de Jésus-Christ, univer-
sellement répandue sur la terre, éternellement couronnée et triomphante dans l'immortelle patrie, la
céleste Jérusalem!..... La Jérusalem qui est là, sous
nos yeux, c'est comme la devise des chrétiens, la voix
qu'ils écoutent, le mot d'ordre auquel ils obéissent, le
trait d'union, le point de repère, qui les rassemblent
ici-bas, sinon de fait, du moins par toutes les aspira-
tions du cœur, par toutes les affinités de l'âme,
en attendant, qu'au delà de la tombe, ils se retrouvent
et se reconnaissent dans la Jérusalem du ciel, dont
celle-ci n'est que la figure.

Ah! que nous comprenons l'enthousiasme des
patriarches, des prophètes, des saints de l'ancienne
loi, à la pensée de Jérusalem! ils entendaient, à travers les siècles, le cantique du vieillard Siméon:

« C'est maintenant, Seigneur, que vous laisserez
« mourir en paix votre serviteur, puisque mes yeux
« ont vu le Sauveur, la lumière des nations, la gloire
« de votre peuple d'Israël! »

Ils voyaient, ils entendaient Jésus, instruisant les
multitudes, leur enseignant le royaume de Dieu, la
sublime morale de l'Évangile :

« Qu'ils sont beaux, sur les montagnes de Sion,
« s'écriaient-ils, les pieds de celui qui apporte, qui
« prêche le salut, le règne de Dieu! »

« Jérusalem, disait David, Dieu vous a choisie pour
« sa demeure, et il habite sur la montagne de Sion :
« vous êtes la cité de Dieu, et votre gloire est célèbre
« sur toute la terre! » — « Levez-vous, ô Jérusalem,

« disait le prophète Baruch, regardez vers l'orient, le
« Seigneur vous mettra sur la tête un diadème d'éter-
« nelle gloire. » — « Jérusalem, sainte cité de Dieu,
« s'écriait Tobie, tu brilleras d'une lumière écla-
« tante, tu seras adorée de tous les peuples de la
« terre, et les nations les plus éloignées viendront à
« toi, pour adorer le Seigneur qui habitera ton enceinte
« sacrée ! » — « Levez-vous, Jérusalem, prophétisait
« Isaïe ; la gloire du Seigneur éclatera au milieu de
« vous ; les nations marcheront éclairées par votre
« lumière, et les rois par la splendeur qui brillera sur
« vous. Vous serez au comble de la joie, lorsque les
« multitudes accourront vers vous, d'au delà des mers,
« et que tout ce qu'il y a de grand dans les nations
« viendra se donner à vous ! »

Mais si les prophètes avaient annoncé la gloire que
la venue du Messie et l'établissement de son Église
devaient répandre sur Jérusalem, ils prédirent aussi à
cette ville infidèle et déicide les malheurs qui devaient
tomber sur elle, comme le juste châtiment de ses
crimes : — « Voici la parole du Seigneur, lui avait dit
« Jérémie : la race d'Israël cessera d'être mon peuple,
« à cause de tout le mal qu'ils ont fait contre moi ! »

— A la vue de Jérusalem, comment ne pas se rap-
peler toutes ces choses ? et comment ne pas les redire,
quand leur souvenir est inséparable, et comme l'essence même de la ville sainte qu'on vient visiter ?

# JÉRUSALEM

## LE CALVAIRE — LE SAINT-SÉPULCRE

# JÉRUSALEM

## LE CALVAIRE — LE SAINT-SÉPULCRE

Nous sommes à l'hôtel Howard, dans un quartier nouveau, encore en construction, en dehors de la ville, du côté de la porte de Jaffa. Les fenêtres de notre chambre s'ouvrent sur une terrasse, en face de laquelle se dresse la *montagne des Oliviers*, dont les pentes inférieures nous laissent voir les . arbres de *Gethsémani*, le jardin de la divine agonie.

On voudrait ne trouver à Jérusalem que de fervents chrétiens, comme l'étaient autrefois, après la Pentecôte, les apôtres et les *disciples*, alors que huit mille Juifs se convertissaient et recevaient le baptême, à la voix de saint Pierre, et comme le sont, aujourd'hui, ces moines et ces admirables religieuses, dont les vertus et la piété nous ont tant édifiés. On voudrait ne pénétrer dans son enceinte sacrée, que solennellement, précédé de la croix, en procession, et au chant du psaume 121 : « *Lætatus sum in his quæ dicta sunt* « *mihi : in domum Domini ibimus. J'ai été comblé de joie,* « *quand on m'a dit que nous irions dans la maison du* « *Seigneur !* » Mais s'il en était ainsi, ce serait déjà la Jérusalem céleste ; ce ne serait plus celle de la terre, ce ne serait plus même la Jérusalem du temps de Jésus-Christ. Le jour où le divin Sauveur, au sortir du tribunal de Pilate, gravissait, chargé de sa croix, la *voie doulou-reuse*, le chemin du calvaire, les passions politiques, populaires et religieuses les plus violentes avaient cours, étaient déchaînées dans les murs de Jérusalem : c'était la haine cruelle, sanguiaire et fanatique des Juifs et des païens idolâtres; c'étaient les jalouses, ambitieuses et hypocrites convoitises des princes des prêtres, des docteurs de la loi, des Saducéens, des Scribes et des Pharisiens; or aujourd'hui, les mêmes passions ne revivent-elles pas dans les Coptes, les Arméniens séparés, les Grecs schismatiques, les Musulmans et les Juifs, qui composent l'immense majorité de la population?

L'Orient est un pays éminemment stable, immuable dans ses mœurs, ses habitudes, sa manière d'être; rien ne change, les types humains, le genre de vie, les caractères, les vêtements sont restés tels, non pas seulement qu'au temps de Jésus-Christ, mais qu'au temps primitif des patriarches; or les habitants de Jérusalem sont maintenant encore ce qu'ils étaient, quand ils criaient « *Crucifiez-le, crucifiez-le* »!... Sans doute la ville n'est plus la même; suivant la prédiction du Sauveur, elle a été détruite, il n'en est pas resté pierre sur pierre; rebâtie, ruinée de nouveau et plusieurs fois, par les guerres, les sièges, les assauts, qu'elle a eu à soutenir, aux différentes époques de l'histoire, le niveau de ses rues et de ses carrefours s'est considérablement élevé, la forme de ses maisons a pu se modifier, mais la masse du peuple a conservé son extérieur, son caractère, ses allures d'autrefois.

Les murailles de la Jérusalem actuelle ont été construites, en grande partie, au xvi° siècle par le sultan Sélim, elles sont crénelées et percées de plusieurs portes. La porte de Jaffa, par laquelle nous entrions le plus souvent, est relativement étroite, elle a, comme toutes les portes des villes fortifiées, deux ouvertures séparées par un passage sinueux; aussi est-elle presque toujours, le matin surtout, encombrée, obstruée par une foule compacte, bruyante, criarde, c'est un pêle-mêle inextricable de femmes masquées, de portefaix, de Bédouins, d'Arabes, de Juifs, de Grecs, d'ânes, de mulets, de chameaux, chargés de fruits, de fardeaux, de toutes sortes; ce sont des poussées, c'est un bruit, un vacarme inimaginables, dont on serait stupéfait et scandalisé, si l'on s'était fait l'idée que, dans la ville sainte, tout doit être en rapport avec les pieuses pensées qui doivent occuper l'esprit, avec les souvenirs sacrés qu'on est venu vénérer.

Les rues sont étroites; à Rome, on les appellerait des *Vicoli;* à Troyes, des ruelles, et même des *ruellottes;* la plupart sont en pente raide, et même en escaliers; elles sont impraticables aux voitures; la circulation n'y est possible qu'à pied, à dos d'âne, de mulet, ou de chameau. Quelques-unes sont de véritables galeries couvertes de toiles, de planches, ou même de voûtes de pierre; l'encombrement y existe presque partout; hommes, femmes et animaux s'y coudoient, s'y pressent, s'y bousculent quelquefois;

tous les ordres religieux s'y rencontrent, au milieu
de tous les costumes, de tous les types orientaux ; la
soutane brune capuchonnée des Franciscains, Pères
de la Terre-Sainte, des Carmes, des Capucins ; la soutane noire des prêtres séculiers indigènes, ou pèlerins
de tous les pays, le manteau blanc des Dominicains
et des *Pères Blancs* du cardinal Lavigerie, le manteau
noir des Frères de la doctrine chrétienne ; les cor-
nettes blanches, aux larges ailes flottantes, des sœurs
de Saint-Vincent de Paul, les tuniques, les robes, les
voiles noirs des sœurs de Notre-Dame de Sion, de
Nazareth, de Saint-Joseph passent et repassent au
milieu du va-et-vient, et du pêle-mêle le plus original
de nègres, d'âniers, de chaméliers, d'Arabes à peine
vêtus, de Bédouins du désert, au turban, au burnous
de toutes les couleurs, de Turcs au fez rouge, de Juifs
malpropres et sournois, à la lévite noire, et aux longues
mèches de cheveux descendant jusqu'à leur menton,
et encadrant leur visage, et leur physionomie, au regard oblique et rapace.

Les rues qui mènent au Calvaire ont un aspect tout
différent, et en harmonie avec le caractère du saint lieu
auquel elles aboutissent, elles sont en montée, solitaires et recueillies ; les passants y sont rares, moins
mélangés ; leur démarche est grave et silencieuse,
car ils suivent *la voie douloureuse*, le même chemin
que suivit le divin Sauveur, chargé de sa croix. Toutes
les stations y sont indiquées : on s'y arrête, on s'y
agenouille ; on y prie ; on s'y rappelle, on y repasse
dans l'amertume de son âme, on y vénère tous les

détails, toutes les péripéties de cette marche sanglante, dont la parole humaine ne saurait exprimer les tortures et les angoisses. C'est ainsi, en s'avançant pas à pas, et en adorant, qu'on arrive au Calvaire, au saint sépulcre!

Nous sommes ici sur le Golgotha, sur le Calvaire; c'est là, dans ce lieu même, que Jésus-Christ fut attaché à la croix, et voici l'endroit précis où le pied de la croix fut enfoncé, quand elle s'éleva entre le ciel et la terre!... Quelle scène inénarrable! et quelles paroles y furent entendues! l'humanité tout entière les a recueillies; elle les conserve, elle les redit, elle les commente, elle les chante avec toutes ses voix, toutes ses mélodies et toutes ses larmes. Chaque année, le Vendredi saint, dix mille hommes les entendent, avec nous, répétées par les orateurs les plus éloquents, sous les voûtes de Notre-Dame, comme on les entend le même jour, dans tout l'univers, et jusque sur les plages les plus lointaines et les plus déshéritées : —

« Si tu es le fils de Dieu, descends de la croix..... Il
« a sauvé les autres, et il ne peut pas se sauver lui-
« même! — Mon père, pardonnez-leur, ils ne savent
« ce qu'ils font! — Seigneur, souvenez-vous de moi.
« quand vous serez dans votre royaume! — Aujour-
« d'hui vous serez avec moi dans le Paradis!... Femme,
« voici votre fils!... Mon fils, voici votre mère!... Mon
« père, tout est consommé!... Je remets mon âme entre
« vos mains » — et la terre tremble, et les pierres se fendent, et les morts sortent de leur tombeau; et les ténèbres obscurcissent le ciel; et le centurion et les

soldats s'écrient, en se frappant la poitrine : « Celui-ci était vraiment le fils de Dieu ! »

Quelle scène !... la Vierge mère debout au pied de la croix ! l'apôtre bien-aimé à ses côtés ! Marie-Madeleine, prosternée, abîmée dans sa douleur !... les princes des prêtres, les Pharisiens, le peuple insultant celui qu'ils avaient appelé le *Prophète du Seigneur, le fils de David;* celui dont la parole les avait instruits, consolés et charmés, qui les avait nourris dans le désert, qui avait guéri leurs malades, ressuscité leurs morts !... L'amour et la haine sont là, comme aujourd'hui, comme toujours, adorant et blasphémant, devant la croix qui régénère l'humanité, qui termine le vieux monde, et commence le monde nouveau, qui ferme l'histoire ancienne, et ouvre l'histoire moderne, c'est-à-dire l'ère de Jésus-Christ !

L'Évangile nous apprend que le Calvaire était hors des murs ; il est, aujourd'hui, en dedans, ce qui résulte des accroissements successifs de la ville ; 325 ans après Jésus-Christ, nous l'avons déjà dit, l'impératrice sainte Hélène, mère de l'empereur Constantin, voulut construire une église sur un lieu si cher aux chrétiens ; et c'est en creusant les fondations de cette église que furent trouvées, enfoncées dans la terre, trois croix, dont l'une, la vraie croix, celle du Sauveur, fut signalée par un miracle.

L'église actuelle, dite du Saint-Sépulcre, que l'on pourrait aussi bien appeler l'église du Calvaire, bâtie par sainte Hélène, a subi de grandes, de profondes vicissitudes. Des guerres, des incendies, des actes de barbares déprédations commis par les Turcs, la ruinèrent à diverses reprises. Telle que nous la voyons aujourd'hui, cette immense et vénérable basilique indique bien, par les différents caractères de son architecture, qu'elle date de plusieurs époques; elle manque d'unité; elle forme un tout composé de parties disparates; le XIIe et le XIIIe siècle s'y reconnaissent à côté du XVIIe; elle n'a pas été construite d'après un plan uniforme, et régulièrement suivi; elle se compose d'éléments dissemblables de nefs, de chœurs, de chapelles, de rotondes, de sanctuaires, n'ayant ni le même niveau; ni le même style, greffés en quelque sorte les uns sur les autres, et constituant, dans leur ensemble, un édifice d'une très vaste étendue, mais formé par la réunion, par la juxtaposition de parties hétérogènes, et sans harmonie entre elles.

Dans la basilique du saint sépulcre, nous sommes donc en réalité sur le Calvaire; aussi, c'est avec une vive et pieuse émotion, qu'agenouillés devant un des autels, nous y voyons l'endroit où était implantée la croix du Sauveur, arrosée du sang qui s'écoulait de ses pieds et de ses mains; c'est là que, debout, sa sainte Mère, éplorée, devenait la mère du genre humain, personnifié par l'apôtre saint Jean; un peu plus loin, se tenaient les saintes femmes, Marie-Madeleine, Marie, mère de Jacques et Salomé. Voici, à quelques pas de là, un des rochers qui se sont fendus, au moment où, *tout étant consommé*, Jésus rendait le dernier soupir. Au milieu de l'église, nous baisons, à genoux, la *pierre de l'Onction*, au-dessus et autour de laquelle brûlent des lampes. C'est sur cette pierre que, descendu de la croix, le divin maître fut enveloppé d'un linceul et d'aromates, par Nicodème et Joseph d'Arimathie.

Sur le lieu même où s'est accomplie cette scène à jamais mémorable, évoquons le plus saint, le plus touchant de tous les souvenirs; et des yeux de la foi, voyons les deux disciples tenant dans leurs bras le corps adorable et embaumé de Jésus, l'*agneau de Dieu, le plus beau des enfants des hommes*, la victime sainte et sans tache, le rédempteur de l'humanité!... Suivons-les... ils le portent pieusement, le déposent et l'ensevelissent, là, dans ce sépulcre tout neuf et taillé dans le roc, qu'ils recouvrent d'une lourde pierre... Ce tombeau, le plus vénérable de tous les tombeaux, est au fond d'une petite chapelle ronde, élevée par la piété de nos pères; l'entrée de cette chapelle est si basse qu'il faut se courber pour y pénétrer. Une multitude de lampes y répandent une douce lumière; nous sommes en proie à un trouble, à une émotion inexprimables; il nous semble entendre la voix de l'Ange nous dire, comme aux saintes femmes : « Voyez le lieu où l'on avait mis le Seigneur!... il n'est plus ici, il est ressuscité! » Le tombeau recouvert d'une autre pierre est devenu un autel; « le Seigneur n'y est plus », mais, tous les jours, aux paroles sacramentelles du prêtre, il y descend sous les voiles eucharistiques... A l'entrée, et en dehors de la chapelle du saint sépulcre, est une grosse pierre, placée sur une colonne : c'est la pierre du tombeau, qu'au matin du jour de Pâques, un Ange a renversée, et sur laquelle il était assis, quand il dit aux saintes femmes : « Pourquoi cherchez-vous parmi les morts celui qui est vivant; il est ressuscité! »

Bien qu'aujourd'hui le Calvaire soit protégé par une église, les mêmes passions cupides, ambitieuses et jalouses d'autrefois y ont accès, et s'y donnent souvent, sans respect et sans retenue, un libre cours. Toutes les communions chrétiennes veulent être représentées au tombeau de Jésus-Christ. Chacune voudrait y être la première, y avoir la préférence. Sans doute, en elle-même, cette rivalité est un hommage public et solennel rendu au divin crucifié. Mais à ce sentiment religieux se joignent des vues, des intérêts politiques qui engendrent des haines, des violences, des scandales. Les Turcs eux-mêmes tiennent à être présents aux saints lieux. Jérusalem leur appartient, or ils veulent affirmer leur possession, et s'y montrer les maîtres, jusque dans l'intérieur même de l'église du Saint-Sépulcre, où ils ont un corps de garde, où on les voit à gauche en entrant, assis, étendus, fumant leur pipe. Les grecs schismatiques sont malheureusement plus nombreux que les latins, c'est-à-dire les catholiques; or ils leur montrent une incessante animosité, qui se traduit par des taquineries, des vexations, des voies de fait, et même quelquefois par des rixes sanglantes. La chapelle du saint sépulcre appartient en commun aux uns et aux autres; ils y célèbrent la messe à tour de rôle; mais en dehors de cette chapelle une partie différente de l'église est dévolue à chacune des deux communions; elles y chantent alternativement leurs offices, suivant leurs rites spéciaux; la partie de l'église que possèdent les Grecs est remarquable par sa richesse et ses vastes proportions; le trône pontifical de leur patriarche y déploie une rare magnificence. Les Coptes et les Arméniens séparés ont également dans la grande église leur petite église particulière, et de ce côté aussi, se produisent des actes qui ne sont pas toujours conformes à toutes les bienséances.

Nous avons assisté à la grand'messe des latins, célébrée par les Franciscains, appelés aussi Pères de la Terre Sainte. Le prêtre officiant était seul, dans la petite chapelle du saint sépulcre, qui a, pour autel, le saint sépulcre lui-même ; les autres Pères chantaient l'office en dehors, dans une nef adjacente.

Tous les vendredis, de 2 à 3 heures, les Pères de la Terre Sainte font l'exercice solennel du chemin de la croix ; ils partent du bas et du commencement de la *voie douloureuse ;* quelques fidèles les suivent, et le pieux cortège, auquel nous nous sommes joints, gravit lentement le chemin du Calvaire, que le divin Maître a gravi lui-même ; à chacune des stations, on s'arrête, on se met à genoux, et l'un des Pères récite les prières, auxquelles répondent les assistants. Quand on arrive à la basilique, c'est-à-dire au Calvaire, on se rend au chœur des latins, on y psalmodie le psaume *Miserere ;* puis la procession des Pères suivie par toutes les personnes présentes, un cierge à la main, se met en marche, au chant de l'hymne *Vexilla*

*Regis*. On parcourt toutes les nefs de l'église ; on s'arrête à toutes les chapelles consacrées par un des épisodes de la passion, et la procession s'achève au saint sépulcre, sa dernière station.

Ineffables souvenirs! Auguste cérémonie, magnifique dans son émouvante simplicité, commencée sur ce même sentier douloureux et sanglant, par lequel le Sauveur a passé, continuée sur ce même Calvaire, où il s'est livré, victime volontaire, pour le salut du monde, où il s'est rendu, obéissant jusqu'à la mort, jusqu'à la mort de la croix, et terminée devant ce même tombeau, vide maintenant de sa personne sacrée, mais dont il est sorti tout rayonnant de gloire, affirmant ainsi, une fois de plus, sa divinité triomphante!

LA FÊTE DES PÈRES DE LA TERRE SAINTE
LE CONSUL GÉNÉRAL DE FRANCE
LES TOMBEAUX DES ROIS DE JUDA — LES FOUILLES
A L'ÉGLISE DE SAINT-ÉTIENNE
L'ÉGLISE DE SAINTE-ANNE ET LE DRAPEAU
DES PÈRES BLANCS
LA PISCINE PROBATIQUE — LE TOUR DES MURS

LA FÊTE DES PÈRES DE LA TERRE SAINTE
LE CONSUL GÉNÉRAL DE FRANCE
LES TOMBEAUX DES ROIS DE JUDA
LES FOUILLES A L'ÉGLISE DE SAINT-ÉTIENNE
L'ÉGLISE DE SAINTE-ANNE
ET LE DRAPEAU DES PÈRES BLANCS
LA PISCINE PROBATIQUE — LE TOUR DES MURS

Le jeudi, 4 octobre, il y avait grande fête à Jérusalem, la fête de saint François d'Assise, fondateur,
au commencement du treizième siècle, en 1208, de
l'ordre des Franciscains, qui, par humilité, s'étaient
donné le nom de *Minorites* ou *Frères Mineurs;* c'était,
par conséquent, la fête de cet ordre religieux, si justement célèbre, et qui a produit tant d'hommes
illustres, tels que saint Bonaventure, saint Antoine de
Padoue, les papes Sixte-Quint, Clément XIV. Les
Franciscains sont l'ordre monastique le plus nombreux
et le plus répandu en Orient, en Palestine en particulier; on les trouve dans tous les sanctuaires, dans
tous les pays, et surtout à Jérusalem ; aussi sont-ils
appelés *Pères de la Terre Sainte, gardiens du Saint
Sépulcre.* La France, qui a toujours considéré la pro-

tection des lieux saints comme un de ses plus beaux titres de gloire, a dû par conséquent, à toutes les époques, se déclarer la protectrice des Franciscains, aussi cette fête était-elle en même temps, et sous ce rapport, une fête française.

Dès la veille, elle nous était annoncée par les cloches de l'église du Saint-Sauveur, qui sonnaient à toute volée, et nous rappelaient les cloches de Paris et de Troyes, aux plus grands jours. Le consul général de France, le seul de tous les consuls ayant le droit de paraître officiellement à une cérémonie religieuse, devait y assister avec toute sa suite, et tous ses insignes.

Avant 9 heures du matin, nous entrions dans cette église du Saint-Sauveur, dont nous apercevions la tour de notre fenêtre. Elle appartient aux Franciscains; elle est du dix-septième siècle, vaste et luxueusement décorée; une double rangée de lustres illuminaient toute la nef; le maître-autel, des marbres les plus précieux, était enrichi d'une parure des plus splendides. Tous les religieux, revêtus d'ornements de drap d'or et d'argent, allèrent processionnellement, à la grand'porte, recevoir le patriarche, qui fit son entrée solennelle, au son de l'orgue et de toutes les cloches, et fut conduit à son trône, où il entonna Tierce.

Le consul général de France arriva ensuite précédé de quatre Kawas, chamarrés du plus brillant costume, portant au ceinturon un sabre richement ornementé, et, à la main, une longue canne à pomme d'argent, avec laquelle ils marquaient le pas, en frappant sur les dalles, comme les suisses de nos églises. Le consul avait un habit tout brodé d'or, couvert de décorations, l'épée au côté; il était suivi de ses chanceliers et secrétaires, tous également en uniforme. Il se plaça, avec son entourage, en avant du chœur, au fauteuil et au prie-Dieu qui lui étaient préparés.

La messe commença, célébrée pontificalement par le patriarche, Mgr Vincent Bracco, et chantée avec un remarquable talent par des voix d'hommes et d'enfants. Quand le consul était entré, on lui avait offert le goupillon d'eau bénite. Dans le cours de la messe, un prêtre vint l'encenser, le diacre, suivi de ses acolytes, lui présenta la *Paix* à baiser, et quand l'office fut terminé, le patriarche, en passant devant lui, le salua, en lui donnant sa bénédiction.

Nous ne pûmes voir, sans émotion, ces hommages publics rendus à notre chère France, dans la personne de son consul; cette magnifique et solennelle alliance de la religion, dans la ville même qui fut son berceau, et de la patrie si dignement représentée, nous toucha, au delà de tout ce que nous pourrions dire; il nous semblait que la France allait enfin se relever en Dieu, et redevenir la France de Charlemagne, de Philippe-Auguste, de saint Louis, et de tous ces vieux rois, qui en avaient fait la reine et l'arbitre des nations.

Un vaste et monumental couvent, appelé la *Casa nova*, communique avec l'église et s'élève tout le long de sa face orientale; c'est le couvent principal des

Franciscains; le consul s'y rendit avec tout son cortège, et ses quatre Kawas, marchant devant lui; nous l'accompagnâmes, sur l'invitation qu'il voulut bien nous faire; nous gravîmes, dans cet apparat, le grand escalier, et, à l'extrémité d'un cloître, nous entrâmes dans une vaste salle de réception, salle capitulaire, où étaient réunis tous les Franciscains, avec leur Supérieur général, et quelques grands personnages. Le consul se plaça au milieu d'eux et, suivant l'habitude orientale, du café et des cigarettes furent servis, pendant que se faisaient les présentations, les salutations et compliments d'usage.

Au sortir de la *Casa nova*, nous nous rendîmes directement au consulat français; il est situé hors des murs, au delà de la porte de Jaffa, plus loin que l'hôtel Howard, dans un quartier nouveau que l'on appelle la *nouvelle Jérusalem*. Le consul, chez lequel nous nous étions présentés, le jour même de notre arrivée, nous avait fait l'honneur de nous inviter à déjeuner.

M. Ledoulx, Consul Général de France à Jérusalem, est un homme éminemment distingué, d'un abord charmant et du caractère le plus aimable, mais de la fermeté qui convient, dans le poste important et difficile qu'il occupe, au milieu de rivalités jalouses et ambitieuses; c'est de plus un savant, un travailleur, un archéologue émérite et très apprécié. M^me Ledoulx est la grâce, l'esprit et la bonté en personne. Plusieurs invités nous furent présentés : M. le docteur Devriès, français, médecin de l'hôpital français de Jérusalem, confrère aussi instruit que modeste, et dont nous fûmes heureux de faire la connaissance ; M. Caron, avocat de Paris, arrivé depuis deux jours, avec sa gracieuse et jeune compagne, et quelques autres voyageurs encore. Les salons du consulat sont remarquables par leur amplitude, par l'élégance de leur décoration, et par leurs collections artistiques et originales d'armes les plus curieuses, et de meubles précieux, provenant des différents postes consulaires occupés par M. Ledoulx, à Zanzibar en particulier. Le déjeuner fut digne de la France ; le Bordelais, la Bourgogne et la Champagne excitèrent la gaieté, et la conversation la plus animée.

Le repas terminé, quatorze ânes tout harnachés étaient devant la porte du consulat, attendant les quatorze convives ; M^me Ledoulx se mit en selle, sur son joli petit âne blanc habituel ; le consul, qui avait dépouillé ses habits officiels, enfourcha le premier baudet, et se plaça en tête de la cavalcade, qui partit en bon ordre sous sa direction.

La promenade fut des plus intéressantes. Nous nous rendîmes d'abord, aux tombeaux des rois de Juda, récemment découverts ; un large escalier de dix-sept marches, datant de l'époque du royaume de Juda, après le schisme des dix tribus, 962 ans avant J.-C., sous le règne de Roboam, fils de Salomon, et premier roi de Juda, nous fit descendre dans des souterrains profonds et obscurs, où nous ne pûmes pénétrer qu'à genoux. Nous y vîmes, en parfait état de conservation, les tombes taillées dans le roc, qui renfermaient les rois. La découverte de ce précieux monument, d'une antiquité si reculée, est due à la famille Péreire, qui en fit don à la France, ainsi que le constate une inscription gravée sur une table de bronze.

Remontant sur nos ânes, nous continuons notre excursion, par des sentiers rocailleux, et nous arrivons au couvent des Dominicains. Les Révérends Pères emploient toutes les ressources dont ils peuvent disposer à pratiquer des fouilles, dont les résultats religieux et archéologiques sont des plus importants. Ils ont découvert, à plusieurs mètres sous terre, d'admirables mosaïques qui étaient le dallage d'une église bâtie par les Croisés, au douzième ou treizième siècle; cette église dont nous avons pu parcourir toute l'étendue, bien que le déblayement n'en soit pas encore complet, était consacrée à saint Étienne, et s'élevait, sur le lieu même où ce saint, l'un des sept diacres choisis par les apôtres, et le premier martyr, fut lapidé par le fanatisme barbare des Juifs, neuf mois environ après la mort de J.-C., en présence et avec l'assentiment de celui qui, plus tard, devait être l'apôtre saint Paul.

Nous reprenons nos gentilles montures, et nous gagnons le couvent de Sainte-Anne, que desservent les *Pères Blancs*, institués par l'illustre cardinal Lavigerie; c'est là qu'est née la sainte Vierge. Au douzième siècle, les croisés bâtirent sur l'emplacement de la maison de saint Joachim et de sainte Anne, son père et sa mère, une grande église dédiée à sainte Anne. Cette église, restaurée depuis peu de temps, a de belles et vastes proportions; nous l'avons visitée, elle est la chapelle du pensionnat des Pères Blancs. Ces Révérends Pères, en effet, dirigent une école d'une centaine de jeunes gens, dont ils complètent l'instruction. Ils leur apprennent, en particulier, le français et la musique. Avertis de la visite du Consul, ils s'étaient mis en devoir de lui faire une belle et solennelle réception.

Nous les trouvâmes, tous en tenue, rangés dans la grande cour du couvent, autour du drapeau de la terre sainte, que portait l'un d'eux; une excellente musique militaire salua notre arrivée; un des *Pères Blancs*, chef de la musique, vêtu de sa robe et de son manteau blancs, un fez rouge sur la tête, comme sujet de la Turquie, battait la mesure, et dirigeait l'exécution de la mélodie, que ses élèves nous faisaient entendre. Quand le silence se fit, le consul s'avança, tenant, à la main, une longue écharpe tricolore, et s'adressant à tous ces jeunes gens: « Restez toujours, leur dit-il, fidèles aux exemples et aux leçons de ces vénérables Religieux, vos maîtres, aimez toujours Dieu et la France, dont je vous apporte le glorieux emblème; que ces deux amours soient unis dans vos cœurs, comme ces deux couleurs vont être unies sur votre drapeau, et soyez à la fois bons chrétiens et bons français! » — Ces nobles paroles développées avec les chaleureux élans d'une véritable éloquence excitèrent d'unanimes et bruyants applaudissements. Le consul saisit le drapeau de la terre sainte, et prononça, en y attachant l'écharpe tricolore, quelques mots empreints du plus pur et du plus ardent patriotisme.

Ce furent alors des trépignements d'enthousiasme, et des cris de *Vive la France! vive le Consul!* Emporté par l'irrésistible impression de cette scène émouvante, j'embrassai le consul; je serrai, avec transport, les mains de ce chrétien si convaincu, de ce patriote si sincère, de ce Français, si digne de représenter la France, et de la faire aimer!

C'est dans la cour du même couvent, et non loin de l'église de Sainte-Anne, que M. Mauss, architecte français, découvrit, il y a peu de temps, la fameuse piscine miraculeuse, dite *Piscine Probatique*, près de laquelle était couché, depuis trente-huit ans, un paralytique, auquel Jésus dit : « *Lève-toi, prends ton grabat et marche; et le malade fut guéri aussitôt, emporta son grabat et marcha.* » Nous sommes descendus dans les profondeurs de cette piscine, au fond de laquelle stagne une nappe d'eau, par un escalier obscur, dégradé, à moitié détruit, et tout obstrué de décombres, de gravas, amoncelés par les remuements de terrain résultant des fouilles récentes.

Après cette exploration, nous nous remettons en selle, et, toujours sous l'intelligente direction du consul, notre escadron suit extérieurement l'enceinte de la ville. Nous laissons, derrière nous, le mont des Oliviers, et la vallée de Josaphat, traversée par le Cédron; nous admirons les belles et solides murailles, surmontées et comme festonnées d'une élégante couronne de créneaux, bâties, en partie, au seizième siècle, par les sultans Sélim et Soliman; nous passons devant la porte de Saint-Étienne, ornée, à sa partie supérieure, de deux beaux lions de pierre, accroupis, et faisant bonne garde; puis devant la *Porte Dorée*, par laquelle Jésus-Christ est entré à Jérusalem, le jour des Rameaux; cette porte est actuellement murée, en vue d'une tradition prophétique, annonçant qu'un prince chrétien s'emparera de Jérusalem, et que ce sera par cette porte qu'il pénétrera dans la ville. Nous contemplons la *Porte de Damas*, la plus imposante de toutes les portes; elle a pour appui, et pour défense, deux grosses tours dont les créneaux sont d'un remarquable effet artistique. Nous arrivons à la porte de Jaffa, au-dessus de laquelle s'élève la tour de David; elle n'est pas loin de la porte de Sion, qui donne accès à la sainte colline, où sont les tombeaux de David et de Salomon, où l'on vénère la salle du Cénacle, la salle de la dernière cène, et de la descente du Saint-Esprit sur les apôtres. De la porte de Jaffa nous regagnons, à la nuit tombante, le consulat de France.

Ainsi se termina cette magnifique journée, l'une des plus belles, sinon la plus belle de tout notre voyage; nous la devons à M. le Consul Général, et à M<sup>me</sup> Ledoulx, et nous les prions, en retour, de vouloir bien agréer le sincère hommage de notre souvenir le plus reconnaissant, et le plus respectueusement sympathique.

LES SŒURS DE SION — LA PLATE-FORME
DU TEMPLE DE SALOMON
LES MOSQUÉES D'OMAR ET D'EL-AKSA
LES LAMENTATIONS DES JUIFS

# LES SŒURS DE SION — LA PLATE-FORME
## DU TEMPLE DE SALOMON
## LES MOSQUÉES D'OMAR ET D'EL-AKSA
## LES LAMENTATIONS DES JUIFS

A quelque distance du Calvaire, à l'extrémité de la *Voie douloureuse*, se dresse en bordure, d'une rue étroite, comme le sont les rues de Jérusalem, la belle et large façade du couvent des *Sœurs de Sion;* nous nous y rendîmes, dès notre arrivée, et bien des fois encore pendant notre trop court séjour dans la ville sainte, car une des religieuses du même nom, que la Sœur Rosa de Rumeleh, nom des plus honorés dans la littérature et la diplomatie françaises, est l'amie d'enfance de ma chère Pauline, élevée, comme elle, à la Légion d'honneur de Saint-Denis. Nous fûmes reçus par la sœur Marcella, de la manière la plus cordiale, et présentés à la Révérende mère Éléonore, Supérieure de ce bel établissement, si intéressant à tant de titres ! Cette digne et vénérable Supérieure, et la sœur Marcella (ancienne *Saint-Denisienne*), ne cessèrent de nous combler de leurs prévenances, de leurs attentions les plus aimables, et les plus délicates. Auprès d'elles, on se sent comme embaumé du céleste parfum qui s'exhale de leur vie, tout entière consacrée à Dieu, à tous les dévouements, à tous les sacrifices. Chers lecteurs, s'il en était parmi vous qui, désabusés du genre humain, en fussent malheureusement arrivés, à force de déceptions, à ne plus croire ni à la vertu, ni à la véritable piété, nous leur dirions : allez chez les Sœurs de Sion, et vous y croirez !

Le couvent de Sion a été bâti par le père Ratisbonne, sur l'emplacement même de la maison de Pilate. Dans la chapelle, un arc en pierre, évidemment de construction romaine, décrit une courbe en plein cintre, au-dessus de l'autel ; c'est l'arc de l'*Ecce Homo*, l'arc qui supportait la plate-forme, sur laquelle le Sauveur flagellé, couronné d'épines, couvert d'un manteau de pourpre, a été présenté aux insultes des Juifs. Une statue retraçant ses traits divins et son attitude, souffrante et résignée, a été placée sur le milieu de cet arc ; elle plane sur toute la chapelle, et rappelle d'une manière saisissante ce cruel et douloureux épisode de la passion.

Nous avons dit que, partout, dans toute l'étendue de Jérusalem, le niveau du sol s'était considérablement élevé à la suite des ruines amoncelées, dans le cours des siècles. Or, dans un souterrain, où l'on voulut bien nous faire descendre, nous nous trouvâmes sur la *Voie douloureuse même ;* sur les mêmes dalles, que Jésus montant au Calvaire avait foulées de ses pieds divins. C'est là *la vraie, la véritable voie douloureuse :* celle que nous avions suivie dans la ville n'en est que la copie, et la reproduction sur un plan supérieur.

Dans un autre endroit de ce même souterrain, on nous montra une large pierre, en forme de table, placée à l'entrée du prétoire de Pilate; tous les attributs d'un jeu de dés y étaient gravés, c'était en effet la table de jeu des soldats romains; était-ce sur cette pierre, qu'ils avaient tiré au sort la robe du Sauveur?

Au sortir de ces souterrains si pleins de souvenirs, les Religieuses, qui étaient nos guides, aussi intelligentes qu'instruites, et empressées à nous être agréables, nous firent monter à la hauteur d'un cinquième, ou sixième étage, sur la plate-forme de leur maison, et de ce point culminant, un immense et splendide panorama se déroula sous nos yeux. Tout Jérusalem nous apparut en un seul tableau, avec toutes les mille petites coupoles qui couronnent ses maisons, avec ses murailles crénelées, les tours de ses églises, ses synagogues, les minarets de ses mosquées. En face de nous, sur un premier plan, s'élevait la colline de Sion, où l'on voit la maison des grands prêtres Anne et Caïphe, les tombeaux de David et de Salomon, la salle du Cénacle, vénérable sanctuaire de la dernière Cène, de l'Eucharistie et de la Pentecôte. Plus loin, nous apercevions les hauteurs de Bethléem, et de Saint-Jean de la Montagne, où les Sœurs de Sion possèdent un vaste établissement, un refuge pour de pauvres enfants délaissés, dont elles se sont faites les mères et la providence. A l'ouest, c'est la citadelle de David, et la porte de la route de Jaffa; l'église, la colonie et l'hôpital russe, le consulat français. Plus près de nous, l'église du Saint-Sépulcre sur le Calvaire, l'église cathédrale du patriarche latin, l'église du Saint-Sauveur, et dans le lointain, la montagne des Oliviers; à l'est, c'est la mosquée d'Omar, l'église de la Présentation, l'esplanade du temple de Salomon! quelles admirables perspectives! quelle réunion de souvenirs, unique au monde! l'ancien et le nouveau Testament sont là, tout autour de nous, avec les schismes, les sectes dissidentes, éternelles ennemies de la religion de Jésus-Christ, toujours victorieuse de leurs vaines attaques.

Les Sœurs de Sion sont à la tête d'un pensionnat de 120 à 150 jeunes filles, les unes pauvres et sans aucune ressource, qu'elles ont arrachées à toutes les misères, et qu'elles élèvent, grâce aux dons volontaires qui leur viennent en aide; les autres, appartenant à des familles aisées; elles y reçoivent, en même temps que l'instruction la mieux comprise et la plus solide, tous les bienfaits d'une éducation chrétienne, et soigneusement dirigée.

Le dimanche, 7 octobre, nous avons assisté à la messe, dans la chapelle du couvent, nous étions au pied, et en face de l'arc de pierre, sur lequel Pilate avait abandonné le divin Maître, aux insultes et à la fureur des Juifs, après s'être lâchement lavé les mains du plus grand des crimes, et d'une trahison à sa propre conscience. Toutes les jeunes filles arrivèrent, deux à deux, couvertes de longs voiles blancs, dans la tenue la plus modeste et la plus religieuse; elles furent elles-mêmes les choristes, et ce fut avec une véritable émotion que nous entendîmes leurs voix

pures et enfantines chanter, d'une manière irréprochable, et avec accompagnement d'orgue, notre
grand *Credo* de Dumont, si imposant et si magnifique,
dans sa majestueuse et grandiose simplicité. Après
l'office, la Révérende Mère Supérieure voulut bien
nous faire parcourir tous les détails de sa maison, si
admirablement ordonnée. Cette visite si intéressante
se termina dans une grande salle, où toutes les
élèves réunies, assises en gradins, nous donnèrent
une fête ravissante; elles nous firent entendre des
chants français et des chants arabes, exécutés avec
une originalité, et un entrain remarquables : elles
nous récitèrent des morceaux de poésie, accentués avec
le sentiment le mieux compris, et les intonations les
plus expressives. Dans ces jeunes filles, tout était si
candide et si charmant, que nous ne pûmes résister au
désir de leur dire, en quelques paroles, combien nous
les trouvions heureuses d'habiter cette maison bénie, d'y être entourées de soins si maternels, d'y avoir
des exemples et des leçons, qui devaient assurer le
bonheur de toute leur vie.

Nous savions que quelques-unes des Sœurs sont de
véritables artistes; leur modestie et leur délicatesse
nous avaient tenus à l'écart de certaines vitrines, que
nous connaissions de réputation, et que nous tenions
à admirer ; sur notre demande, ces vitrines nous furent ouvertes; elles contenaient une collection aussi
nombreuse que variée de pieux objets, confectionnés
avec l'art le plus oriental, et le plus ingénieux : croix
de toutes les grandeurs, et de tous les modèles, en

bois d'olivier, incrustées de précieuses reliques, de religieuses sentences, revêtues, enjolivées d'ornements, de figures en nacre de perle; médailles, chapelets, images, dessins représentant des oliviers, des sanctuaires de la terre sainte, des personnages, des épisodes de la passion, faits avec des feuilles, des fleurs, des pierres de Bethléem, de Nazareth, du jardin des Oliviers, de Gethsémani, du Calvaire. Ce sont autant de précieux et authentiques souvenirs de Jérusalem, que l'on peut se procurer, et qui ne nous sont remis qu'après avoir été placés, et bénis sur le saint sépulcre. Leur produit est consacré à l'entretien des jeunes filles pauvres, recueillies et adoptées par cette vénérable maison.

A l'est de la *Voie douloureuse* et du Calvaire, s'élève, dans l'intérieur de la ville, une autre colline, sur laquelle on trouve, à la fois, les plus nombreux et les plus augustes souvenirs, et les monuments les plus intéressants et les plus remarquables. C'est le mont *Moriah*; c'est là qu'Abraham s'apprêtait à sacrifier son fils Isaac, et que. 1016 ans avant J.-C., Salomon bâtit le temple de Jérusalem, la merveille du monde; c'est là, sur ce même mont Moriah, et sous les portiques de ce même temple de Salomon, que Jésus enseignait, dès l'âge de douze ans, les docteurs de .la loi; c'est là qu'il guérissait l'aveugle-né, qu'il pardonnait à la femme adultère, qu'il démasquait l'hypocrisie des prêtres et des Pharisiens, qu'il chassait les profanateurs, et faisait entendre au peuple, qui se pressait autour de lui, ses divins enseignements. C'est là que l'apôtre saint Pierre, accompagné de l'apôtre saint Jean, montant au temple, pour prier, disait à un homme perclus de ses jambes et impotent depuis sa naissance, qui lui demandait l'aumône : « *Je n'ai ni or ni argent, mais ce que j'ai, je vous le donne : au nom de Jésus de Nazareth, levez-vous et marchez!* » Et le malade se levait à l'instant même, et marchait, à la suite des apôtres, louant et bénissant Dieu, dans le temple.

De ce temple merveilleux, suivant la prédiction de J.-C., il n'est pas resté pierre sur pierre; sur son emplacement, on a construit la splendide mosquée du calife Omar, cousin de Mahomet. Cette mosquée se présente à l'extérieur sous une forme ronde, octogonale, précédée d'un porche, et surmontée d'une grande coupole; à l'intérieur, cette même forme arrondie est conservée; il y règne une demi-obscurité; la lumière n'y pénètre qu'assombrie, et tamisée à travers d'admirables verrières, qui charment les yeux par la richesse, la douce et radieuse suavité de leur coloris. Les colonnes sont des marbres les plus précieux; les murs sont revêtus, dans tout leur pourtour, de mosaïques sur fond d'or, et d'inscriptions du Koran, en grandes lettres d'or. Sous la coupole est un énorme rocher, appelé le *Sakrach*, entouré d'une somptueuse balustrade; c'est sur ce rocher, d'après la tradition, qu'Abraham fit agenouiller son fils Isaac, pour le sacrifier, et que, plus tard, dans le temple, était placée l'arche d'alliance; aussi ce rocher est-il en grande vénération, même parmi les musulmans.

C'est encore dans le temple de Salomon, et, par

conséquent, sur ce même mont Moriah, que la Vierge mère et saint Joseph présentèrent l'Enfant Jésus, conformément à la loi de Moïse, quelques jours après sa naissance, et que Siméon, le prenant dans ses bras, chanta, dans les transports de sa joie, le NUNC DIMITTIS, cantique de sublime allégresse, dans lequel le saint vieillard exprime, en termes magnifiques, son bonheur d'avoir vu, avant de mourir, le *Sauveur*, *la lumière des nations*, *la gloire d'Israël.*

Au VI<sup>e</sup> siècle, en mémoire, et sur le lieu même de la *présentation* de Notre Seigneur au temple, l'empereur Justinien, tandis qu'il élevait à Constantinople l'admirable église de Sainte-Sophie, faisait, en même temps, construire à Jérusalem l'église de la *Présentation*, grande, superbe basilique du style byzantin. Les sept portes de sa large façade s'ouvrent sur autant de nefs, au midi de la mosquée d'Omar, et à l'extrémité méridionale de l'immense surface, occupée autrefois par le temple de Salomon. La basilique de la Présentation avait à peine cent ans d'existence, que le calife Omar, au VII<sup>e</sup> siècle, la transformait en mosquée, sous le nom d'El-Aksa. Nous l'avons visitée dans toutes ses parties, l'autel y a été remplacé par le *Mirhab*, comme dans toutes les mosquées, c'est-à-dire, par une sorte de sanctuaire, de tabernacle, où sont prodigués les plus riches ornements, autour du Koran. Au chevet de la mosquée, on descend dans de vastes souterrains, soutenus par d'énormes piliers, ce sont les écuries de Salomon, dont le palais était voisin du mont Moriah. Lors de la prise de Jérusalem par Titus, un grand nombre de

Juifs se réfugièrent dans ces souterrains; et plus tard, aux XIIᵉ et XIIIᵉ siècles, quand les croisés se furent rendus maîtres de la ville sainte, les Templiers en firent, comme Salomon, leurs écuries; on voit encore, aux piliers, les anneaux auxquels ils attachaient leurs chevaux.

La terrasse, ou plate-forme du temple de Salomon, sur le mont Moriah, est l'extrême limite de la ville du côté de l'Orient; elle est de forme parallélogrammique, et entourée de murs crénelés. D'un côté, elle domine la vallée du Cédron, ou de Josaphat, et les pentes inférieures du mont des Oliviers, sur lesquelles s'étagent le tombeau d'Absalon, et le village de Siloë; de l'autre, elle s'élève au-dessus d'un quartier misérable, habité par des musulmans. La haute muraille qui, de ce côté, soutient la terrasse, a pour premières assises des blocs de pierre énormes, dont quelques-uns ont 4 et 5 mètres de longueur; elle date de l'époque de Salomon, c'est-à-dire de plus de 1000 ans avant J.-C.; elle était le robuste et inébranlable point d'appui des portiques et des colonnades du temple. Actuellement, elle borde une petite ruelle, appelée la ruelle des *Lamentations*. C'est dans cette ruelle que, tous les vendredis, et tous les jours de fête, les Juifs, viennent se lamenter sur la ruine du temple, sur la destruction du royaume de David, sur leur dispersion par toute la terre : c'est un spectacle étrange et saisissant, dont nous avons été témoins, le vendredi 5 octobre; de longues files de Juifs, hommes et femmes, venant de tous les pays, les uns debout, la tête appuyée sur la muraille, dont ils baisent les pierres, les autres accroupis, font entendre des sanglots et des cris de douleur; tout en eux exprime le chagrin le plus profond; ils pleurent; on voit couler les larmes, dont leurs visages sont inondés; ils récitent, à haute voix, des prières, des supplications, pour que le temple se relève dans son ancienne splendeur; ils implorent la bonté, la pitié du ciel, pour qu'ils soient tous rassemblés, réunis dans Jérusalem, et qu'arrive enfin le règne du Messie, qu'ils attendent, avec une si longue et si légitime impatience!

Touchantes manifestations de la foi d'un peuple, égaré dans l'erreur et l'aveuglement de ses fausses croyances, mais fidèle et persévérant dans ses traditions! Un jour viendra, suivant les prophéties, où ce peuple, ouvrant les yeux à la lumière de l'évangile, reconnaîtra que ce Messie, fils de David, après lequel il soupire, est venu depuis longtemps, et que ce Messie est bien réellement *Jésus*, le divin crucifié du Calvaire!

ASPECT DE JÉRUSALEM
SES CONDITIONS HYGIÉNIQUES ET TOPOGRAPHIQUES
LES MOUSTIQUES — LES CHIENS
L'HOPITAL FRANÇAIS

# ASPECT DE JÉRUSALEM
## SES CONDITIONS HYGIÉNIQUES
## ET TOPOGRAPHIQUES — LES MOUSTIQUES
## LES CHIENS — L'HOPITAL FRANÇAIS

Jérusalem est située sur un plateau, à 850 mètres au-dessus du niveau de la mer; il résulte de cette altitude que les chaleurs n'y sont jamais aussi intenses que dans certaines autres parties de la Palestine, dans la plaine d'Esdrelon par exemple, à Cana, à Tibériade, et surtout à la mer Morte, dont le niveau est de 394 mètres au-dessous de la mer, et de 1,152 mètres inférieur à l'altitude de Jérusalem. Cependant les premiers jours d'octobre, nous y avons eu encore de 28 à 30 degrés ; le soir, la nuit et le matin, la fraîcheur très prononcée fait un contraste agréable, mais dangereux, avec la température de la journée; d'où le précepte de fermer ses fenêtres au coucher du soleil, et de ne les ouvrir qu'après son lever, sous peine d'être atteint de fièvres intermittentes, souvent très graves.

A Jérusalem, comme à Alexandrie, au Caire, à Beyrouth, à Damas, et dans tout l'Orient, les lits doivent être garnis de moustiquaires; tous les pays chauds étant infestés de cette engeance exécrable, féroce et

dévorante, qu'on appelle les moustiques. Chers lecteurs, que ces rideaux de mousseline, de tulle, de gaze,
qui enveloppent votre lit, qu'on appelle des moustiquaires, et sous lesquels on vous recommande d'avoir
soin de vous glisser, de vous introduire le plus vite,
le plus prestement possible, ne vous rassurent pas
trop ; le moustique est un animal bien petit, mais bien
rusé et bien avide de votre sang ; il en a soif, il faut
à tout prix qu'il le suce, qu'il le boive, qu'il s'en désal-
tère ! son corps n'est qu'un atome, un fil, un rien,
aussi le plus imperceptible pertuis à votre moutiquaire
lui suffit, il s'y introduit, il y pénètre, et c'en est fait
de votre nuit..... il bourdonne et vous pique... vous
croyez, par un geste rapide et vigoureux, l'avoir écrasé
sur place..... pas du tout, il vous a échappé ; il n'en bourdonne, il n'en *berdasse* que davantage à vos oreilles :
*berdasseur* insatiable, acharné, il vous enfonce son
aiguillon, son dard partout ; tous les organes lui sont
bons ; et s'il y a plusieurs moustiques, à la fois, qui
*berdassent*, qui vous piquent, vous perforent, vous
boivent ainsi... quelle nuit ! quelle agitation ! quelles
tortures ! vous êtes en feu !..... et le matin, quand tous les
*berdasseurs* désaltérés, repus, ont disparu, et se sont
enfuis, envolés et cachés au soleil levant, votre malheureux corps, des pieds à la tête, est constellé, cri-
blé de milliers de boutons, d'élevures, de papules,
de tubercules, sièges brûlants de cuissons, de déman-
geaisons intolérables, irrésistibles ; et vos ongles, dont
vous n'êtes plus maîtres, achèvent et complètent votre
supplice. Ne croyez pas que j'exagère ; sans doute,

toutes les nuits ne se passent pas ainsi; la santé, la vie même n'y résisteraient pas; mais nous en avons eu quelques-unes d'aussi mauvaises, d'aussi désastreuses, au Caire, à Jérusalem, à Nazareth, à Beyrouth, surtout.

Les moustiques sont des animaux plus dangereux, et plus répandus qu'on ne le croit généralement. Le chancelier du consul général de France à Jérusalem, qui avait résidé à Zanzibar, nous a dit qu'une des régions de cette côte torride est absolument inhabitable, par le fait des moustiques; les ouvriers, pour travailler, sont obligés d'avoir tout le corps enduit d'une couche épaisse de mortier, qu'ils doivent renouveler plusieurs fois par jour; quant aux chevaux, ânes et mulets, ils endurent de telles souffrances, qu'ils en perdent l'appétit et le sommeil; ils ne peuvent ni manger ni dormir, ils maigrissent, et meurent de consomption, au bout d'un mois de séjour, sur cette côte inhospitalière.

M. Charles Rabot, savant et intrépide explorateur des pays les plus septentrionaux de l'Europe, a raconté, dans sa très intéressante conférence du 18 décembre 1888, à la Société de géographie, que, au Groënland, où il avait fait un voyage, au mois de juillet de la même année, tandis que les côtes sont à peine abordables, en raison des énormes banquises de glace qui flottent sur toute leur étendue, les pauvres herbages, et la végétation si rabougrie de ce pays hyperboréen nourrissent des hordes de moustiques, contre lesquels les indigènes sont obligés de se prémunir, et dont, lui-même, a eu beaucoup à souffrir.

Mais hâtons-nous de quitter ces parages extrêmes, ces zones glacées du Groënland, où les moustiques se sont établis et prospèrent, aussi bien que sous le soleil brûlant de Zanzibar, et revenons à Jérusalem; nous y trouvons d'autres animaux, qui ne sont pas non plus, sans quelques inconvénients, et qui en veulent également à notre sommeil, ce sont les chiens. Là, comme à Constantinople, à Damas, et dans toutes les villes de la Palestine et de la Syrie, on les rencontre par bandes, par petits groupes, en famille. Ce sont des chiens-loups, au poil jaune, au museau de renard, à l'air rusé, mais faux et méchant. Le jour, ils sont muets, étendus, au repos, et dorment dans les rues. Mais après le coucher du soleil, à l'heure où les moustiques s'éveillent et partent en guerre, ils s'éveillent, eux aussi, et se mettent en campagne. Alors ce sont, toute la nuit, des jappements, des hurlements épouvantables, des cris sauvages de rage, de fureur; ils parcourent les rues, se jettent sur tout ce qui peut être pour eux un aliment, et se disputent avec férocité les moindres détritus. Ce sont de continuelles et bruyantes batailles; Virgile les entendait de son temps :

> *... Visi sunt canes ululare per umbras.*

Et, 876 ans avant J.-C., ils dévoraient, à Jezraël, non loin de Jérusalem, l'impie Jézabel, femme d'Achab, roi d'Israël, que Jéhu, parvenu au trône, avait fait précipiter des fenêtres de son palais, en punition de ses crimes.

La population de Jérusalem est de 43,000 habitants, qui se décomposent ainsi :

| | |
|---|---:|
| Juifs | 28,000 |
| Musulmans | 7,500 |
| Grecs schismatiques | 4,000 |
| Latins catholiques | 2,000 |
| Protestants | 300 |
| Étrangers, voyageurs, pèlerins (population flottante) | 1,200 |
| | 43,000 |

Jérusalem, avons-nous dit, est située sur un plateau élevé, auquel arrive, à l'ouest, la route de Jaffa; au sud, à l'est et au nord, ce plateau est nettement circonscrit, et séparé d'une zone de montagnes environnantes par les vallées étroites et profondes de Hinnom, de Josaphat, ou du Cédron, qui l'isolent, au sud du mont Hinnom, à l'est et au nord, de la montagne de Siloë, du mont des Oliviers, et du jardin de Gethsémani.

Plus loin, et au delà de cette demi-enceinte de vallées, on aperçoit, à l'ouest, le mont Saint-Jean, sur lequel se détache le bel établissement des Sœurs de Sion, au sud, le mont Hinnom, à l'est et au nord, la montagne de Siloë et de Béthanie, et le mont des Oliviers. Les murs d'enceinte enveloppent trois collines, ou montagnes, qui font partie intégrante de la ville : le Calvaire, avec la voie douloureuse, le Saint Sépulcre et l'église qui le recouvre; le mont Moriah, avec l'esplanade du temple de Salomon, et les mosquées d'Omar et d'El-Aksa; la montagne de Sion, avec le tombeau de David, la maison des grands prêtres Anne et Caïphe, et la salle du Cénacle.

Vue extérieurement, et dans la situation que nous venons de décrire, Jérusalem ressemble à une ville forte du moyen âge, entourée d'une enceinte continue de murailles crénelées ; ces murailles à certains endroits, aux portes de Saint-Étienne, de Damas, à la porte dorée et de Jaffa, ont un aspect grandiose, monumental et artistique.

Le sol de tout le plateau de la ville, et de sa zone environnante, est calcaire, pierreux et peu productif, il manque d'eau ; le torrent de Cédron est presque toujours à sec ; il pleut très rarement, or, comme eau potable, les habitants n'ont guère que l'eau des citernes, c'est-à-dire l'eau de la pluie, que l'on s'ingénie à recueillir et à conserver avec le plus de soin possible. Cette eau n'est pas toujours très saine ; aussi une pancarte affichée dans la salle à manger de notre hôtel avertissait les voyageurs que l'eau qui leur est servie a été purifiée par l'ébullition. Les rues sont, généralement, étroites et mal entretenues ; quelques-unes sont transformées en galeries, par une voûte, une couverture de bois ou de toile ; aussi leur aération est-elle insuffisante et défectueuse. Ajoutons que la population juive, arabe et grecque n'est pas irréprochable au point de vue de la propreté, de la bonne tenue des logements, des habillements, et des soins de toilette. Les environs de Jérusalem, de même que toute la Palestine, manquent d'arbres, et par conséquent l'atmosphère y est, par cela même, privée de

l'assainissement qui résulte, pour les contrées boi-
sées, de la double fonction d'absorption et de respi-
ration, dont le feuillage est le siège.

De cet état de choses, il résulte que les conditions
hygiéniques de Jérusalem et de toute la Palestine
laissent à désirer. On y observe, assez fréquemment,
après des refroidissements, des écarts de régime, des
fatigues exagérées, certaines fièvres infectieuses,
miasmatiques, palustres, à forme adynamique, hémorrhagique, à type intermittent, contre lesquelles
les toniques, le quinquina et le sulfate de quinine, à
la dose de plusieurs grammes par jour, sont indiqués.
Nous avons été à même d'observer un de ces cas,
d'une gravité heureusement très rare.

A peine arrivé à Jérusalem, nous fûmes prié de
nous rendre à l'hôpital français, pour y donner nos
soins, de concert avec le médecin de cet établissement,
notre très distingué, très dévoué et très savant confrère, le docteur Devriès, à un membre éminent du
clergé parisien, M. l'abbé Petit, Vicaire Général, et
Chancelier de l'archevêché de Paris. Ce digne ecclésiastique y était, depuis quelques jours, en traitement,
pour une fièvre pernicieuse maligne, hémorrhagique,
de la nature la plus sérieuse. Je m'empressai de me
rendre à l'appel qui m'était fait, et, chaque jour,
M. Devriès et moi, nous nous trouvions auprès du
malade, et nous déployions, d'un commun accord,
toutes les ressources de la thérapeutique la plus éner-
gique et la plus rationnelle, contre un état qui nous
inspirait les plus vives inquiétudes. — « Il est perdu,

nous disait la Supérieure des Religieuses, je n'ai jamais vu guérir un cas semblable, c'est une fièvre du pays, du plus mauvais caractère, et toujours mortelle, j'en ai l'habitude. » — Malgré le pronostic fâcheux de la bonne Religieuse, nous n'en luttions pas moins, mon confrère et moi, de toutes nos forces, contre un mal, malheureusement plus fort que nous.

Quand je dus quitter Jérusalem, le pauvre malade, d'une patience, d'un courage et d'une résignation admirables, me pria, de la manière la plus touchante, d'aller voir, aussitôt que je serais de retour à Paris, l'Archevêque, son ami. Dix-huit jours plus tard, à Damas, le consul de France m'apprenait sa mort, et, à Paris, suivant ma promesse, ma première visite fut pour l'Archevêque. Je n'avais jamais eu l'honneur d'être reçu par Mgr Richard ; je trouvai en lui le cœur le plus noble, l'âme la plus tendre, le prélat le plus vénérable, et le plus digne de tous les respects.

L'hôpital français, à Jérusalem, est établi dans les meilleures conditions d'hygiène ; il est nouvellement construit, en dehors de la ville, du côté de la porte de Jaffa, dans le nouveau quartier, où se trouvent le consulat français, l'église et les vastes bâtiments de la colonie russe. Cinquante ou soixante malades peuvent y être reçus, dans des salles vastes et bien aérées, à quatre ou six lits seulement. Il y a, en outre, quelques chambres particulières, telles que celle où était soigné l'abbé Petit. Cet hôpital est desservi par les Sœurs de Saint-Joseph, dont l'intelligence et le dévouement sont au-dessus de tout éloge; elles sont toutes, Françaises, ou du moins, elles parlent, toutes, parfaitement français; l'une d'elles est chargée de la pharmacie. Le docteur Devriès, médecin de ce bel établissement, y a son logement; cet excellent confrère, dont nous avons été à même d'apprécier le mérite, est, en même temps, le médecin du consulat français, et de l'Institut des sœurs de Notre-Dame-de-Sion.

# BETHLÉEM

## LA VALLÉE DE JOSAPHAT — LE MONT DES OLIVIERS
## BÉTHANIE — GETHSÉMANI — SILOË

# BETHLÉEM — LA VALLÉE DE JOSAPHAT
## LE MONT DES OLIVIERS
## BÉTHANIE — GETHSÉMANI — SILOË

Après le Calvaire et le Saint Sépulcre, Bethléem
est la plus grande attraction de la terre sainte.
Bethléem, c'est la venue du Sauveur, prédite par
les Patriarches et les Prophètes, attendue pendant
quatre mille ans, annoncée par le chœur des Anges,
dans une nuit resplendissante d'une lumière céleste
(*ô nox, vel medio splendidior die!*), adorée par les bergers, et bientôt après par les Rois Mages, venus
de l'Orient, précurseurs et prémices des rois et des
peuples, qui, de siècle en siècle, viendront à leur
tour se prosterner devant la crèche!

A la suite des bergers et des mages, allons à Bethléem... (*transeamus usque Bethleem*). — Quelles pensées! quelles émotions! et quels souvenirs! Ce sont
les justes de l'ancienne loi, qui, dans les saints
transports de la foi, chantent déjà, bien qu'enveloppés
encore de la nuit des temps, le *divin Messie*, le *désiré
des Nations!* — « Son lever sera semblable au lever
de l'aurore; il sera, pour la terre, comme une pluie
d'automne et de printemps! » — C'est l'Église, qui,
dans l'ardeur de son amour et de ses soupirs, s'écrie :

— « Cieux, répandez votre rosée, et que, de vos nuées fécondes, nous vienne celui qui doit nous sauver! »
— C'est le verbe incarné, c'est l'Agneau de Dieu, lui-même, qui nous dit : — « Je suis le pain vivant descendu du ciel! » — et la terre qui lui répond : « — Vous êtes le Christ, le fils du Dieu vivant; le soleil levant, venu d'en haut nous visiter, pour éclairer ceux qui étaient assis dans les ténèbres et l'ombre de la mort »! Et les foules, de tous les pays, de toutes les nationalités, de toutes les conditions, depuis bientôt dix-neuf siècles, et d'année en année, se pressent sur le chemin de Bethléem, à la voix qui leur dit, comme les Anges aux bergers : — « Un petit enfant, un Sauveur vous est né, le Christ, le Seigneur! »

En montant à Bethléem, pourrions-nous repousser de notre mémoire toutes ces grandes choses, lorsqu'elles ont été notre étoile d'Orient, l'attrait qui nous a conduits?

Au sortir de la porte de Jaffa, la route de Bethléem tourne, au sud, et à gauche; elle descend d'abord une pente assez raide, puis laissant à gauche la vallée de Hinnom, elle gravit la partie occidentale de la montagne de Hinnom, dont le versant nous fait voir le *champ du sang*, l'*Haceldama*, de la passion, acheté par les Juifs, du prix de la trahison de Juda. Cette route pierreuse nous mène, en une heure et demie, à BETHLÉEM, appelé aussi EPHRATA, petite ville de cinq mille âmes, bâtie sur un plateau entouré de vallées fertiles. C'est dans une de ces vallées, que Ruth, fille de Noémi, du pays de Moab, glanait les épis tombés dans le champ du riche Booz, dont elle devint la femme, et que David, né à Bethléem, gardait les troupeaux de Jessé, son père, quand Samuel vint le sacrer roi d'Israël.

Mais c'est aussi dans une de ces vallées, et sur l'un des versants de ces montagnes, que, dans une nuit qui devait être la plus célèbre de toutes les nuits, puisqu'elle était l'aurore d'un monde nouveau, des bergers gardant leurs troupeaux virent les cieux s'illuminer d'une lumière éclatante, et entendirent le concert des Anges, leur annonçant la naissance du Messie, du Christ Rédempteur.

Dociles à ces voix, à ces chants aériens et célestes, les bergers se hâtent vers Bethléem, et adorent le divin enfant, couché dans une crèche; cette crèche, cet enfant vont opérer la plus grande, la plus merveilleuse de toutes les révolutions : sur le seuil de cet humble réduit, finit le vieux monde, et commence le monde nouveau; et depuis mil huit cent quatre-vingt-neuf ans, l'humanité n'a pas cessé de visiter la crèche, et de lui apporter, au prix de toutes les distances et de tous les sacrifices, le tribut de ses adorations. Dans les premiers siècles, saint Jérôme se creuse dans un rocher voisin la cellule d'un solitaire. Nous sommes descendus dans cette cellule, où sa vie laborieuse et retirée fut la vie d'un anachorète et d'un docteur de l'Église. Saint Sabas, sainte Paule et sainte Eustoquie, sa fille, y fondent des hôpitaux et des monastères, pour y loger et y recueillir les pèlerins; plus tard, les croisés y arrivent en glorieux vainqueurs, en pieux conquérants ; aujourd'hui, de nombreux couvents d'hommes, de femmes, de confessions religieuses différentes, l'entourent, comme une garde d'honneur, et une magnifique église à cinq nefs, l'ÉGLISE DE LA NATIVITÉ, desservie par les Franciscains, la recouvre. Sous le chœur de cette église est une crypte, éclairée par trente-deux lampes ; c'est la *Chapelle de la Nativité;* c'est la crèche elle-même, transformée, depuis l'empereur Constantin, en une chapelle richement ornée, et dans laquelle nous avons lu cette inscription : *Hic de Virgine Mariâ Jesus Christus natus est. — C'est ici que Jésus-Christ est né de la Vierge Marie.* — Cette inscription est tracée sur le sol, dans une niche, autour de laquelle brûlent quinze lampes, et derrière une étoile, indiquant le lieu précis de la naissance du Sauveur. C'est là que les bergers et les Mages vinrent l'adorer.

Dans la crèche, nous retrouvons, comme au Saint Sépulcre, la présence, la rivalité, la possession commune et jalouse, à côté des Latins ou Catholiques, des sectes dissidentes, des Grecs schismatiques, des Arméniens, et même des musulmans, qui, eux aussi, ont ce saint lieu en grande vénération ; nous les y avons vus, représentés par deux soldats, qui s'y tiennent l'arme au pied. Après dix-neuf siècles écoulés, n'y a-t-il pas, dans ce fait de cultes différents réunis à Bethléem, faisant bonne garde, autour et jusque dans la crèche, s'en disputant le service et l'ornementation, n'y a-t-il pas un éclatant hommage rendu à la divinité du Christ Jésus ?

Le plateau, sur lequel s'élève la ville de Jérusalem, est isolé du côté sud, nous l'avons dit, par la vallée de Hinnom ; cette vallée, en contournant la ville, à l'est et au nord, prend le nom de vallée de Josaphat, ou de vallée du Cédron.

La vallée de Josaphat, en pente déclive, commence dans sa zone supérieure, au pied même des murs, et se termine, en bas, au torrent de Cédron, qui en est le fond, et la limite inférieure. Cette vallée, sans végétation, crayeuse, d'une couleur grisâtre, est hérissée d'une quantité innombrable de tombeaux, ayant tous la même structure, le même aspect uniforme et monotone, et couvrant tout le versant de la vallée, depuis la porte de Saint-Étienne jusque vers l'esplanade du temple de Salomon. C'est le champ funéraire des Juifs ; ce sont leurs sépultures, et, d'après le prophète Joël, c'est là qu'à la fin des temps se tiendront les grandes assises du jugement dernier.

Le torrent de Cédron, presque toujours à sec, sépare la vallée de Josaphat du mont des Oliviers, qui s'élève au nord et à l'est de la ville. L'aspect général de cette montagne est triste, presque dénudé ; sa surface est parsemée seulement de quelques arbres, oliviers et caroubiers, et de quelques édifices ; mais l'ensemble a la teinte aride et pierreuse d'un sol de craie. Ces édifices sont quelques couvents latins, catholiques et grecs schismatiques, quelques pieuses institutions, un couvent de Derviches musulmans, deux églises russes, dont l'une est à la base, auprès du jardin de Gethsémani, et l'autre, au sommet de la montagne.

Mais que nous font ces détails, lorsque tant de précieux souvenirs, de tous côtés, s'éveillent autour de nous? voici donc cette montagne des Oliviers, où le divin Maître se rendit si souvent! où il s'asseyait, et conversait avec ses disciples, leur apprenant à prier, les instruisant de ses préceptes, leur prêchant la doctrine évangélique qu'il était venu apporter au monde! C'est de là, de cette montagne, qu'à la vue de Jérusalem, il pleura sur la ville infidèle, qui avait méconnu sa voix, méprisé ses enseignements, et à laquelle il annonçait sa ruine prochaine. C'est de là que, le jour des Rameaux, il descendit, pour entrer triomphalement dans Jérusalem, aux acclamations du peuple qui jonchait, sur son passage, la terre de branches d'oliviers, et s'écriait « hosanna! béni soit celui qui vient au nom du Seigneur! » Voici le torrent de Cédron, qu'il franchit, la veille de sa Passion, au sortir du Cénacle et après la dernière Cène! et voici le jardin de Gethsémani, le jardin de l'agonie!..... Un franciscain nous en ouvre la porte; c'est là, dans ce jardin, sous ces arbres, dont le feuillage est religieusement recueilli, que le Sauveur voulut endurer les souffrances de l'agonie, en attendant le moment où le traître Juda, à la tête d'une cohorte déicide, allait se saisir de lui, pour le livrer au tribunal des grands prêtres Anne et Caïphe! Élevons maintenant nos regards, et contemplons la cime de la montagne; c'est de là que, le jour de l'Ascension, il monta au ciel, enveloppé d'une nuée lumineuse, après avoir béni ses apôtres et ses disciples, qu'il envoyait par toute la terre prêcher l'évangile du salut.

Le chemin qui mène à Béthanie est un sentier très raide, taillé dans la craie, pierreux, difficile, qui gravit, en la contournant, la partie la plus orientale du mont des Oliviers. Cette montée, qui nécessitait, chez nos ânes, une remarquable vigueur de jarret, est d'une heure environ. Arrivés à l'une des crêtes de la montagne, un magnifique panorama se déroule sous nos yeux : devant nous, à nos pieds, s'étend, dans toute sa longueur, la vallée de Josaphat, avec tous ses tombeaux ; au-dessus de la vallée s'élève et se déploie toute la ville de Jérusalem, sa majestueuse enceinte de murailles crénelées, ses portes monumentales, l'esplanade du temple de Salomon, sur le mont Moriah, les mosquées d'Omar et d'El-Aksa; la grande église des Franciscains ; les coupoles de l'église du Saint-Sépulcre, sur le Calvaire, les hauteurs de Sion, avec le tombeau de David, le Cénacle, et à droite, en dehors de la porte de Jaffa et de la citadelle de David, tout le quartier neuf, l'hôpital français, la colonie russe, avec sa grande église surmontée de cinq coupoles. Derrière nous, c'est un tout autre horizon ; ce sont les montagnes du pays de Moab; c'est la plaine de Jéricho ; c'est la mer Morte, dans laquelle vient se perdre le Jourdain ; sous ce beau ciel, elle nous apparait au fond d'une vallée lointaine, comme une nappe immense du bleu d'azur le plus pur et le plus foncé.

Nous voici à Béthanie! ce village si célèbre est

situé sur un des sommets, sur une des dépendances
de la montagne des Oliviers; ses maisons, toutes en
pierre, et le toit en terrasse, sont de mesquine apparence; sa population est du type oriental le plus primitif; manteaux, robes et tuniques, comme au temps
de Jésus-Christ; notre drogman nous arrête devant la
maison de *Simon le lépreux* ; ce n'est plus qu'une
ruine; mais quels souvenirs!..... « Six jours avant la
fête de Pâques, et la veille de son entrée triomphale
dans Jérusalem, Jésus étant à table dans cette maison,
une femme y entra; c'était Marie-Madeleine; elle portait un vase d'albâtre tout rempli d'une huile de parfum,
de grand prix; elle répandit ce parfum sur les pieds du
Sauveur, et agenouillée devant lui, elle les essuya de
ses cheveux! » —Plus loin, voici la maison de Lazare,
et de ses deux sœurs Marthe et Marie; une partie de
cette maison, comme souvent, dans les pays orientaux,
en raison de la chaleur, était creusée dans le rocher,
et plus basse que le sol; il fallait descendre pour y
entrer, et nous y sommes descendus, par un escalier
de quelques marches; on y célèbre la messe, deux ou
trois fois par an : là encore, quels souvenirs! et quels
touchants tableaux! — Marthe toute préoccupée des
soins extérieurs! Marie assise aux pieds de Jésus,
écoutant sa parole; et Jésus lui disant que : « sauver
son âme est la seule chose nécessaire! » — Un autre
jour, c'est la douleur de Marthe, à la mort de Lazare!
« Seigneur, si vous eussiez été ici, mon frère ne serait
pas mort! » — et le Seigneur versant des larmes.
appelant Lazare hors de son tombeau, le ressuscitant,

et les Juifs disant : « Voyez combien il l'aimait ! »

De Béthanie, par un sentier de calcaire blanc, on gagne une autre cime du mont des Oliviers ; une chapelle appartenant aux musulmans qui vénèrent ce lieu indique l'endroit où Jésus-Christ, entouré de ses apôtres et de ses disciples, monta au ciel, le jour de l'Ascension.

Presque au bas de la montagne, est le jardin de *Gethsémani;* les franciscains d'un petit couvent voisin en ont la garde, et nous en ouvrent l'entrée; qui pourrait, ici, ne pas être profondément ému?... Voici de vieux oliviers qui, peut-être, sont contemporains de Jésus-Christ! voici le lieu où, la veille de sa Passion, le divin Sauveur, retiré à l'écart, et priant, pendant que ses disciples s'étaient endormis, se sentit, à la pensée de la mort, qu'il acceptait pour le salut du genre humain, inondé d'une sueur de sang; c'est ici qu'un Ange du ciel vint soutenir ses forces défaillantes, et que Judas, par le baiser de la trahison, le livra aux Juifs, qui se saisirent de lui et l'emmenèrent!.....

Nous descendons dans la vallée du Cédron, ou de Josaphat, et prenant à gauche, du côté de l'est, nous passons devant le tombeau d'Absalon; nous traversons le pauvre village de Siloë, dont les maisons, de craie, ont la même couleur que le rocher sur le flanc duquel elles sont échelonnées; nous voyons la piscine où vint se laver, pour être guéri, l'aveugle-né, après que Jésus-Christ lui eut mouillé les yeux d'un peu de boue, faite de sa salive.

Telle est Jérusalem, et tels sont ses environs : la

vie du Sauveur s'y trouve partout retracée ; on le voit, on l'entend, on le suit pas à pas. De Bethléem au Calvaire, et du Calvaire à l'Ascension, il est toujours là ; conversant avec ses disciples, fortifiant leur foi par des miracles et par ses paroles ; enseignant les foules, préchant sa divine morale, démasquant le vice, pardonnant au repentir ; soulageant toutes les misères, guérissant les malades, ressuscitant les morts, accomplissant toutes les prophéties ; excitant tous les enthousiasmes et toutes les haines ; aimé, béni et adoré ; trahi, traîné au Golgotha, attaché à la croix ; mais le troisième jour, sortant glorieux du tombeau : comme il l'avait annoncé !..... Et quand il retourne au ciel, Jérusalem reste *la ville sainte, et la sainte cité de Dieu, le tabernacle de Dieu parmi les hommes ;* la Pentecôte y opère ses prodiges ; des milliers de Juifs se convertissent à la voix de Pierre ; l'Église est établie ; mais, comme son divin fondateur, si elle est servie par le zèle, le sacrifice et l'amour, toutes les passions se déchaînent contre elle ; le sang d'Étienne ne tarde pas à couler, et c'est à Jérusalem, plus que partout ailleurs, que nous trouvons la trace de ses luttes et de ses combats, et que nous pouvons suivre et voir de nos yeux cette interminable et perpétuelle série de saints, de martyrs, de bourreaux et de persécuteurs, de défaites et de triomphes, qui se succèdent à travers les siècles, et dont cette ville, unique au monde, nous offre partout, dans ses monuments et dans ses ruines, sur ses montagnes et dans ses vallées, le saisissant et merveilleux tableau !

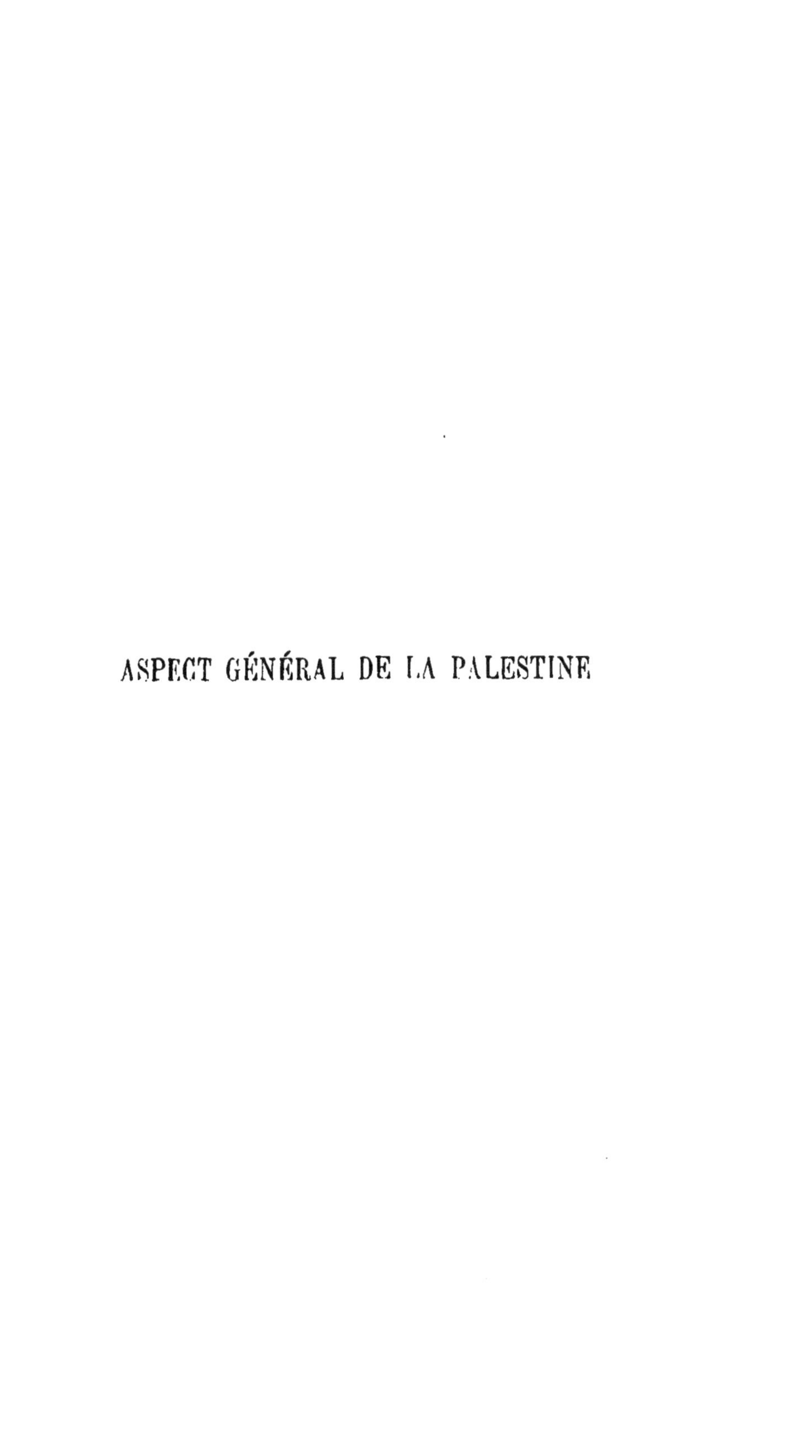

# ASPECT GÉNÉRAL DE LA PALESTINE

## ASPECT GÉNÉRAL DE LA PALESTINE

Jérusalem est une mine inépuisable de souvenirs
religieux, historiques, archéologiques ; plusieurs mois
suffiraient à peine pour en faire une étude. Le temps,
malheureusement, ne nous permettait pas de prolon-
ger notre séjour dans cette ville incomparable, où l'on
retrouve, à la fois, les époques les plus primitives, les
Patriarches, les Juges, les Rois, les Prophètes, de
l'ancien Testament ; l'établissement, le schisme, la
captivité des tribus d'Israël, les guerres des Perses
et des Romains ; la naissance, la vie, la mort, la
résurrection de Jésus-Christ ; son Ascension, et la venue
du Saint-Esprit, au grand jour de la Pentecôte,
radieuse aurore de l'Église. Puis les temps aposto-
liques, et l'ère des premiers chrétiens, persécutés
pendant trois siècles, mais triomphants, avec Constantin ; plus tard, l'invasion de l'Islamisme, et les Croisades ; le prestige, la glorieuse suprématie de la
France rayonnant dans tout l'Orient, et s'imposant aux
Turcs, aussi bien qu'aux sectes chrétiennes schismatiques et dissidentes, prestige et suprématie qui,
actuellement, hélas ! se sont évanouis, et s'éclipsent
tous les jours davantage !

Il fallait donc poursuivre notre route. La partie du

voyage que nous avons maintenant à raconter est assurément la plus pittoresque, la plus mouvementée, la
plus marquée d'incidents bizarres et imprévus : pendant huit jours, nous serons à cheval, parcourant des
plaines arides et brûlantes, escaladant, descendant des
rochers et des montagnes, des sentiers arides et rocailleux, véritables casse-cou, taillés dans le roc; et la
nuit, nous coucherons sous la tente, en plein désert,
dans des solitudes où l'on n'entend que le cri sauvage des chacals! Mais avant de nous engager dans les
détails, jetons un coup d'œil général et d'ensemble
sur la Palestine; voyons-la, non plus aux différentes
époques de son histoire, mais seulement dans son
aspect extérieur, dans sa topographie, et comme dans
un tableau panoramique.

De Jaffa à Jérusalem, nous l'avons dit, les horizons
sont tristes et monotones, désolés et désolants; c'est
une nature sombre et lugubre, sur laquelle un passé
déicide semble étendu, comme un long voile de deuil
et d'expiation. Au delà de Jérusalem, dans la Judée,
dans la Samarie et la Galilée, nous retrouvons, le plus
souvent, le même caractère, les mêmes perspectives
stériles et dénudées. A part quelques villes, quelques
villages, quelques oasis, quelques sites imposants et
grandioses, épars, isolés et comme perdus, au milieu
de plaines immenses, et de montagnes dépouillées,
c'est une terre brûlée par le soleil, desséchée, sans
arbres, et sans eau : sept ou huit mois se passent
sans qu'il y tombe une goutte de pluie, et quelquefois,
il faut marcher presque une journée entière, avant de

trouver un arbre, un puits, ou une malheureuse source d'une eau plus ou moins saumâtre, profondément cachée dans des anfractuosités rocheuses.

Comment donc cette terre de Chanaan, cette *terre promise*, autrefois si riche et si fertile, *où coulaient des ruisseaux de lait et de miel*, comment est-elle devenue si pauvre, si misérable?

Cette misère, cette pauvreté dépendent de plusieurs causes, en voici les principales : 1° les guerres, les invasions, guerres presque continuelles, intestines et étrangères, acharnées, dévastatrices, de dépopulation, dont ce pays a été le théâtre, depuis le schisme des dix tribus d'Israël, jusqu'aux xiv° et xv° siècles après Jésus-Christ; 2° l'incurie, le mauvais vouloir du gouvernement turc, qui s'oppose, systématiquement, à toute amélioration, à tout travail productif, tel que reboisement, création de routes, exploitation de mines, creusement de puits; 3° l'apathie, la paresse d'une population essentiellement stationnaire dans ses habitudes, sobre, frugale à l'excès; n'ayant aucun besoin, et vivant de rien. Or, changeons ces conditions, établissons un autre gouvernement, qui donne un élan salutaire, prescrive et favorise tout ce que celui-ci défend, et nous verrons la face de la Palestine changer aussi, devenir tout autre, car le sol est naturellement productif; mais que peut devenir une terre, même féconde, abandonnée à elle-même, sans eau et sans culture? Creusons des puits pour les irrigations, les sources souterraines ne manquent pas; faisons des semis, des plantations d'arbres, mais empêchons la libre et vague pâture de ces immenses troupeaux, qui dévorent toute végétation, et nous verrons renaître, avec toutes ses richesses, toutes ses fleurs et tous ses fruits, la *terre promise* d'autrefois.

Sous le régime actuel, la Palestine n'est, pendant plus de six mois, qu'un désert; en novembre, décembre, aux premières pluies, on ensemence; en mars et en avril, toute la campagne est verte et fleurie, c'est un jardin; en mai, on moissonne, et, pendant les six ou sept mois suivants, la terre reste nue, desséchée, abandonnée, livrée aux troupeaux : ce sont des chameaux grands et petits, jeunes et vieux, dont le long cou s'allonge pour brouter une herbe morte, ou les raquettes épineuses de cactus qui, de loin en loin, bordent un enclos ; ce sont des chèvres noires, aux longues oreilles pendantes, dont les peaux servent de couvertures aux tentes des tribus nomades de Bédouins, de Moabites, d'Arabes du désert; ce sont encore des moutons noirs, remarquables par leur queue étalée en large surface arrondie. Si, par hasard, on aperçoit un laboureur, il tient, d'une seule main nonchalante, le manche de la charrue, dont le socle effleure à peine la couche la plus superficielle de la terre.

Les habitants ont conservé le costume primitif du temps des Patriarches, une simple chemise, par-dessus laquelle flotte une tunique, ou manteau plus ou moins ouvert; ils ne boivent que de l'eau, le vin leur étant interdit par la loi de Mahomet. Pour tout repas, nous les avons vus manger quelques bananes, quelques dattes, quelques figues de Barbarie, cueillies aux ra-

quettes des cactus, ou croquer, de leurs belles dents,
d'une blancheur éclatante sur la noirceur de leur teint,
la chair aqueuse et rosée d'un melon vert, ou d'une
pastèque. Tantôt on les rencontre conduisant une
longue caravane d'ânes et de chameaux chargés de
grains, ou de toutes autres choses, pour l'approvi-
sionnement de Jérusalem. D'autres fois on en voit
deux ou trois à cheval, la tête ceinte d'un épais turban, un burnous rouge ou noir sur les épaules, le
teint bistré, l'œil vif, l'air crâne, hautain et menaçant,
une lance démesurément longue à la main, des pistolets, des poignards à la ceinture, un fusil en bandoulière, ce sont des Moabites, des Bédouins nomades,
Arabes du désert. Quand l'occasion leur est bonne,
pillards, voleurs et assassins. Comme contraste, de
paisibles bergers jouent sur leur musette des mélodies champêtres, qui font rêver à l'âge d'or des temps
les plus primitifs, et sont d'un charme exquis, sur ces
montagnes, ou dans ces vallées solitaires.

Si l'aspect général de la Palestine, à l'époque de
l'année où nous l'avons visitée, c'est-à-dire dans la
première quinzaine d'octobre, est habituellement triste,
monotone, sans végétation et sans eau, on trouve très
souvent aussi dans cette sécheresse, dans cette aridité
même, de véritables sujets, de véritables tableaux
d'une originale et saisissante beauté ; ce sont de magnifiques effets de lumière, des teintes, les unes cré-
pusculaires, pâles, grises et blanchâtres, les autres
vives, chaudes, rouges et dorées, se projetant sur
les rochers, sur le flanc, sur la crête des montagnes ;

il semble que les rayons du soleil y allument des
foyers, des brasiers ardents, au milieu d'espaces dont
la couleur est restée plus sombre. Combien de fois
ne nous sommes-nous pas arrêtés à comtempler, avec
une indicible admiration, ces merveilleuses perspectives d'ombres et de lumières, ces vallées, ces horizons,
d'un aspect si vaste et si grandiose, d'un coloris, de
nuances si belles et si variées, cette nature comme
embrasée, ce désert brûlant, d'un jaune d'or sous un
ciel de feu!

Il ne faut pas croire cependant que la Palestine soit
partout, et dans toutes ses parties, un désert sans arbres,
sans culture et sans habitants. On y trouve des villages et des villes, des jardins entourés de haies épineuses et impénétrables de gigantesques cactus, et
plantés de limons, d'orangers, de mandariniers; on y
voit quelques champs d'oliviers et de figuiers, des
palmiers, des caroubiers. On y jouit de magnifiques
panoramas, de belles vues sur la Méditerranée, sur
les villes de Bethléem, de Samarie, de Naplouse, de
Nazareth, de Cana, de Caïffa, sur la ville et sur le lac
de Tibériade, sur de hautes et célèbres montagnes,
sur le Gelboë, le Garizim, le petit et le grand Hermon,
le Carmel, sur le Thabor!

Tel est, autant qu'on peut en donner une idée, dans
une description rapide et sommaire, dans un tableau
synoptique, dessiné à grands traits, l'aspect général
du pays que nous allons parcourir.

NOTRE MODE DE VOYAGE
DANS L'INTÉRIEUR DE LA PALESTINE — BÉTHEL
LE PUITS DE JACOB — NAPLOUSE
SAMARIE — LE PUITS DE JOSEPH

# NOTRE MODE DE VOYAGE
## DANS L'INTÉRIEUR DE LA PALESTINE
### BÉTHEL — LE PUITS DE JACOB — NAPLOUSE
### SAMARIE — LE PUITS DE JOSEPH

Tous les frais et détails de notre voyage, de Paris à Jérusalem (chemins de fer, paquebots sur mer et sur le canal de Suez, embarquements et débarquements, voiture de Jaffa à Jérusalem), avaient été réglés à Paris, jour par jour et en quelque sorte heure par heure, avec la compagnie Cook. Nous avions été trop satisfaits, sous tous les rapports, de cette administration si admirablement organisée, et que nous ne saurions trop recommander, pour ne pas avoir encore recours à elle dans la seconde phase de notre voyage, la plus difficile assurément. Nous avions, en effet, à visiter la Judée, la Samarie et la Galilée; il nous fallait être toujours à cheval, puisqu'il n'y a pas de route; emporter avec nous les provisions de bouche, puisque ces pays sont le plus souvent dénués de toute ressource; coucher sous la tente, puisqu'il faut quelquefois passer la nuit en plein désert. De plus, nous nous trouvions en face d'un problème dont la solution présentait d'assez grandes difficultés : nous voulions parcourir les trois provinces, nous arrêter à toutes les principales stations, recueillir tous les souvenirs les plus importants ; or nous ne pouvions disposer que de huit jours. Quittant Jérusalem, le lundi 8 octobre, il nous fallait arriver le lundi suivant, 15, à Caïffa, pour y prendre le paquebot autrichien de Beyrouth, sous peine d'être forcés de renoncer à la Syrie, ou bien d'attendre, pendant quinze jours, l'arrivée d'un autre paquebot, ou bien encore de gagner Beyrouth à cheval par Saint-Jean d'Acre, Tyr et Sidon, route très intéressante sans doute, mais longue, fatigante, quelque peu dangereuse et qui, peut-être, eût excédé nos forces.

M. Antoine, représentant de la compagnie Cook, à Jérusalem, résolut le problème de la manière la plus habile : il arrangea, calcula, combina toutes choses, pourvut à toutes les nécessités, et nous donna un plan de campagne, une direction stratégique conformes à nos désirs, et en parfaite harmonie avec notre programme.

Le lundi matin, à 7 heures, quatre chevaux conduits par deux Arabes arrivèrent devant notre hôtel ; de ces quatre chevaux, l'un blanc, fringant, ayant toute l'élégance, la finesse de la tête et des jambes, et toute la vivacité du cheval arabe, nous démontra, tout de suite, son ardeur et ses brillantes qualités, par ses ruades, ses bonds, ses hennissements juvéniles et fougueux, c'était *Coco ;* ma chère Pauline y fut installée, sur une selle de premier choix, que les Religieuses de Sion avaient bien voulu mettre à sa disposition.

M. Antoine était venu saluer notre départ; il nous présenta *Joseph Sidawe*, habitant de Jaffa, catholique latin, drogman émérite, d'une quarantaine d'années, sûr, intelligent, actif, excellent et infatigable cavalier, digne de toute confiance, passant sa vie en voyages, connaissant l'Asie, l'Afrique et l'Europe, mieux que beaucoup de Parisiens ne connaissent les rues de Paris, et de plus, polyglotte, parlant l'arabe, le français, l'anglais, l'allemand. Tel est l'homme auquel était confiée notre destinée, et qui allait nous diriger à travers les sentiers, les vallées et les montagnes de la Judée, de la Samarie et de la Galilée. C'était notre drogman, le chef, le conducteur du voyage ; c'est lui qui devait commander, donner le signal des départs, indiquer les directions à suivre, les dangers à éviter, fixer les lieux de campements, le nombre, la durée, la longueur des étapes. Il ouvrait la marche sur le premier cheval, la tête ceinte d'un *képhié*, dont les plis et les glands gracieusement étagés flottaient sur ses épaules ; derrière lui, un des deux Arabes menait le second cheval, chargé de nos colis et du déjeuner; *Coco* arrivait le troisième; l'autre Arabe, soldat turc libéré, du nom de Hamet, surveillait de près ses allures ; quant à moi, je fermais la marche sur le quatrième cheval. Tel était l'ordre de notre caravane, dans les montagnes, les descentes et les sentiers étroits; mais dans la plaine, Joseph caracolait, voltigeait, papillonnait autour de nous, répondait à toutes nos questions, nous renseignait sur toutes choses, nous égayait de ses facéties, et se plaisait à nous donner le spectacle, effrayant quelquefois, du galop effréné de son cheval, lancé à toute vitesse, bondissant, tourbillonnant à nos côtés, comme un ouragan.

Il était 7 heures et demie quand nous quittâmes l'hôtel Howard, nous passâmes devant l'hôpital français, où le bon abbé Petit était dans l'état le plus inquiétant. Nous laissâmes à notre droite les belles murailles crénelées, la forteresse de David, la porte de Jaffa, la porte de Damas, la porte Dorée, la vallée de Josaphat, le mont des Oliviers, et, tournant à gauche, nous nous trouvâmes sur un terrain blanchâtre, et crayeux, dont les pentes raides et ardues, et les pierres roulantes en couches épaisses, mettaient à une rude épreuve la vigueur et la sûreté des jambes de nos chevaux; nous perdîmes bientôt la vue de Jérusalem; ce fut avec un douloureux serrement de cœur que nous vîmes la ville sainte disparaître derrière les montagnes. Tout autour de nous s'étendait un horizon aride, rocailleux, bordé de collines escarpées et sans végétation, qu'un soleil brûlant colorait de teintes grises, rouges et jaunâtres. Nous vîmes *Rama*, ce petit village, où l'on avait entendu, après le massacre des *Saints Innocents* ordonné par le roi Hérode, « les cris lamentables de Rachel pleurant ses enfants, et ne voulant pas être consolée, parce qu'ils n'étaient plus! » Plus loin *Gabaon*, la patrie des premiers alliés de Josué, quand ce chef des Hébreux, successeur de Moïse, fit la conquête du pays de Chanaan. Vers midi, nous arrivâmes à *Béthel*, lieu choisi pour le déjeuner et le repos du milieu de la journée. Joseph nous fit entrer dans un enclos, entouré de murs à moitié ruinés ; nous nous assîmes à l'ombre d'un olivier, sur un tapis, qui fut en même temps notre table à manger. Joseph nous y servit des œufs durs, des viandes froides, du vin, des fruits, et une eau cristalline, à laquelle la terre poreuse d'une gargoulette avait conservé toute sa fraîcheur. Après ce repas, je m'endormis, la tête sur une pierre, en manière d'oreiller. 1750 ans avant J.-C. Jacob se rendant en Mésopotamie, pour y épouser, suivant le désir du Patriarche Isaac, son père, une des filles de son oncle Laban, s'était reposé dans ce même pays de Béthel. « Il avait mis une pierre sous sa tête, et s'était endormi, et pendant son sommeil il avait vu une échelle mystérieuse qui, d'un bout, touchait à la terre, et de l'autre au ciel ; des Anges montaient et descendaient, et le Seigneur était appuyé sur le haut de l'échelle. »

A 2 heures, nous nous remîmes en selle ; quels chemins ! quels casse-cou ! quelle nature bouleversée ! quels cahots ! Nos malheureux chevaux grimpaient sur des rochers presque à pic ; ce n'était qu'au prix de violents efforts de jarrets, tout essoufflés, et couverts de sueur, qu'ils atteignaient, par une chaleur accablante des sommets crayeux ou granitiques, dont les descentes étaient plus effrayantes et plus dangereuses encore ; c'étaient des espèces de rigoles, d'escaliers taillés dans le roc, au milieu d'éboulis de pierres, et sur des pentes glissantes et si raides, qu'on ne pouvait se défendre d'un sentiment d'effroi. J'engageai ma chère Pauline, à l'exemple de deux Anglais que nous rencontrâmes, à mettre pied à terre, dans ces passes, dans ces défilés, où une chute de cheval eût été la mort ; mais elle resta toujours bravement en selle, et c'était avec une admiration mêlée d'épouvante que, venant derrière elle, je pouvais observer la vigueur, la prudence, l'adresse, l'agilité, la sûreté de pieds, avec lesquelles ces merveilleux chevaux arabes savent se tirer de pareilles et de si périlleuses difficultés. A toutes ces qualités que possédaient nos trois autres chevaux, Coco joignait une finesse, une grâce d'allures d'un charme exquis, aussi ma chère compagne l'avait-elle en grande affection.

C'est ainsi, dans ces escalades, dans ces descentes, au milieu de ces ravins, de ces précipices, de ces pierres roulantes, de ces rochers arides et brûlés par un soleil torride, que se passa la deuxième étape de cette première journée. Vers 5 ou 6 heures du soir, nous arrivons à notre campement de nuit. Quelle surprise ! du haut d'un petit monticule, nous apercevons enfin de la verdure, quelques arbres indiquant une source et, en avant de ces arbres, trois tentes ; au-dessus de l'une, flottait, en notre honneur, le drapeau français ; au-dessus de l'autre, le drapeau anglais, le drapeau national de la Cⁱᵉ Cook. Nous approchons de ces tentes, nous quittons nos chevaux, et notre étonnement redouble : l'une des tentes est notre salle à manger, un tapis est étendu à terre, notre couvert est mis sur une table parfaitement dressée, cristaux, vaisselle élégante, flambeaux, linge d'une blancheur irréprochable, chaises, pliants, deux fauteuils en dehors.

L'autre tente est notre chambre à coucher; flambeaux, tapis, deux lits bien blancs, bien séduisants après une journée de fatigue, pourvus chacun d'une porcelaine nocturne discrètement dissimulée; table avec serviettes, vases et cuvettes nécessaires à la toilette. La troisième tente est la cuisine, avec ses fourneaux et ses marmites en pleine activité. Cher lecteur, si vous voulez que cette visite domiciliaire soit complète, voyez encore, derrière les autres, cette toute petite tente, isolée, à l'écart, allez-y seul; une seule personne doit y trouver place; vous y aurez un siège à souhait, portatif, qui, demain, à un autre campement, sera encore à votre disposition; la Cie Cook, dans sa sollitude, a pensé à tout, a tout prévu!

Les tentes sont entourées d'un nombreux personnel: cinq *moukres* (hommes de peine, palefreniers), un cuisinier, un valet de chambre, le drogman, deux soldats ou gardes armés, en cas de quelque aventure fâcheuse, d'une attaque de Bédouins, total dix personnes, Pauline et moi, douze. Nos quatre chevaux et huit mulets, total douze animaux, sont là aussi, débridés, buvant à la source, mangeant de l'orge et de la paille hachée, ou couchés, se roulant et dormant sur l'herbe. Les moukres, le cuisinier, les huit mulets chargés des tentes et de tout le mobilier, nous avaient précédés de deux heures, si bien qu'à notre arrivée au campement, tout était prêt pour nous recevoir.

A 7 heures, le valet de chambre vint dire: *Madame est servie!* et un dîner excellent et très complet nous est offert (potage, deux plats de viande, entremets

sucré, dessert). N'est-ce pas extraordinaire, fantastique? n'est-ce pas un rêve? Tout cela, en plein désert!
loin de toute habitation! dans un désert semblable à
celui où, pour toute.nourriture, les Israélites autrefois
avaient reçu la manne tombée du ciel! Oui, c'est phé-
noménal, incroyable, et pourtant c'est vrai! et en
écrivant ces lignes (le 11 janvier), quand je me retrace
ce tableau, quand, par la pensée, je revois ce désert,
ces tentes, tous ces hommes, tous ces animaux bi-
vouaquant, mangeant, dormant, couchés pêle-mêle
sur la terre, autour de nous, je me demande si ce
n'est pas une chimère, une illusion? si c'est bien,
vraiment, une réalité! Nous nous sommes endormis,
aux cris sauvages des chacals.

Le lendemain matin, après une bonne nuit, Joseph
nous appelle avant 6 heures; il faut se hâter, et tandis
que nous prenons notre café au lait, les *moukres* prépa-
rent les chevaux et les mulets, enlèvent les lits, les
tables, démontent, plient les tentes, mettent en caisse
la vaisselle, réunissent, disposent toutes choses en
colis bien ficelés, qui sont chargés sur les mulets, et que
nous retrouverons le soir, à un nouveau campement.

Vers 7 heures, nous partons, avec nos chevaux,
dans le même ordre que la veille. Nous quittons la
Judée, et nous entrons dans la Samarie; nous suivons
une interminable vallée, resserrée entre une double
chaine de collines, sans eau, sans arbres, sans végétation et sans verdure; la chaleur est excessive, de
35 degrés au moins; les rayons du soleil sont brûlants et projettent de magnifiques zones lumineuses.

Sur les collines qui nous semblent comme revêtues et parées de pourpre et d'or; ces teintes si ardentes et d'un coloris si chaud, nébuleuses parfois, et nuancées d'ombres vaporeuses légères, nous ravissent d'admiration. D'immenses troupes de chameaux et de *chamelets*, jeunes chameaux remarquables par la minceur de leur corps et la longueur excessive de leurs jambes, animent cette contrée torride. Les uns paissent en liberté une herbe morte et desséchée; les autres, chargés de fardeaux, s'avancent un à un en caravane, d'un pas lent et toujours le même; en tête de chacun de ces longs anneaux, de chacune de ces longues files, de ces longues bandes de chameaux, qui sont reliés les uns aux autres par une simple corde, marche constamment un petit âne noir, relié lui-même par une corde au premier chameau.

Mais la vallée s'infléchit à gauche, et la scène change : voici un jardin dont les murs entourent le *puits de Jacob*, et à quelque distance de ce puits, voici le village de *Sichar;* c'est de là, de ce village, que partit la *Samaritaine*, pour aller puiser l'eau du puits où le Sauveur l'attendait, comme la grâce attend le pécheur; scène touchante entre toutes, de laquelle s'exhale, en divin parfum, l'ineffable tendresse du cœur de Jésus. Plus loin, et du même côté, s'élève le mont Garizim ; c'est sur cette montagne que les Samaritains, ennemis déclarés du royaume de Juda, avaient élevé un temple, rival du temple de Jérusalem, autel contre autel, pour ne plus aller à Jérusalem, au temps des cérémonies religieuses.

Au pied du mont Garizim, s'étend la ville de *Naplouse*, l'ancienne *Sichem*, la première capitale du royaume d'Israël, après le schisme des dix tribus, sous le roi Roboam, fils de Salomon et roi de Juda, 960 ans avant Jésus-Christ. Naplouse, actuellement chef-lieu de la Samarie, est une ville de 12 à 15000 âmes, dans une belle situation, au milieu de jardins plantureux qui égayent les pentes du mont Garizim. Il est midi, c'est l'heure du déjeuner; la chaleur est suffocante. Nous entrons dans la ville, et descendons de cheval à la porte du presbytère. Le curé nous accueille de la meilleure grâce, et nous installe dans une vaste galerie ouverte à tous les vents; elle donne sur une longue et large terrasse, d'où nous jouissons du magnifique panorama de la ville, de la vallée et des montagnes. Notre repas fini, tandis que ma chère compagne prend, sur un divan de la galerie, un repos bien mérité, je parcours les rues avec Joseph; elles sont étroites et couvertes de toiles, pour les garantir du soleil. La population est composée de Juifs et de musulmans fanatiques, il n'y a que cent catholiques; l'église est une petite chapelle dépendant du presbytère. Je visitai le tribunal, la salle d'audience où siégeait un officier turc rendant la justice; entre deux arrêts, il se leva pour me saluer de la manière la plus courtoise. Du tribunal, je passai à la prison; on me proposait de m'y introduire; je me contentai de regarder, à travers les barreaux de fer de la porte, les malheureux condamnés, parqués dans une petite cour; leur figure patibulaire, leurs vêtements sordides, leur saleté, ne me donnèrent guère envie de les voir de plus près. Je regagnai le presbytère. Nous fîmes une modeste offrande au bon mais pauvre curé, et nous remontâmes sur nos chevaux.

La seconde étape de la journée fut moins longue et moins pénible que la première. A 6 heures du soir, nous arrivâmes au campement. Nos trois tentes étaient dressées dans la situation la plus pittoresque, à l'ombre d'oliviers, sur un monticule au bas duquel jaillissait une source. Leur couleur blanche, leur forme pyramidale, les drapeaux qui flottaient à leur sommet, ressortaient agréablement au milieu des arbres qui leur faisaient un cadre de verdure. Du point qu'elles occupaient, une magnifique perspective se déroulait à nos yeux : en face et tout près de nous, sur une colline, plantée d'oliviers, était échelonnée la ville de *Samarie*, et au loin, par delà cette colline, nous apercevions les eaux bleues de la Méditerranée.

Tandis que se terminaient les apprêts de notre dîner, nous restâmes assis devant nos tentes, à contempler ce splendide panorama, où tant de souvenirs se mêlaient au charme des yeux. Voici donc, devant nous, cette ville de *Samarie*, si fameuse dans l'histoire, fondée 920 ans avant Jésus-Christ, par *Amri*, roi d'Israël, père de l'impie Achab, époux de Jézabel ; elle fut, après Sichem, la capitale du royaume d'Israël ; prise et ravagée, deux cent ans après sa fondation, par Salmanazar, roi des Assyriens, elle fut rebâtie, et rétablie dans son ancienne splendeur, par Hérode le Grand. Au temps d'Auguste, l'apôtre saint Philippe y prêcha l'Évangile; et au XII° siècle, les croisés y construisirent une église, et y établirent un évêché.

Le lendemain (10 octobre), dès 6 heures du matin nous sommes debout, et en route. Au pied du monticule de notre campement, et de la colline de Samarie, une scène délicieuse, et d'un effet pittoresque et primitif, nous retient sous l'attrait inexprimable de sa couleur orientale et biblique : la fontaine de Samarie était là, et les jeunes Samaritaines descendaient la colline, et venaient y puiser de l'eau, dans des cruches qu'elles portaient sur leur tête ou sur leur épaule avec une grâce idéale. Elles étaient, pour la plupart, d'une remarquable beauté, les cheveux et les yeux noirs, la physionomie calme et modeste ; elles nous regardaient d'un air à la fois curieux et réservé, avec un maintien dont la naïve simplicité n'excluait pas la dignité ; leur costume était le même qu'aux siècles des Patriarches ; il n'avait pas changé, c'était la même tunique blanche, rouge ou brune, ouverte à la base du cou, descendant, avec ou sans ceinture, au-dessous du genou, les bras, les jambes et les pieds nus ; en les voyant nous nous reportions à deux mille ans avant Jésus-Christ, au temps des Patriarches Abraham, Isaac et Jacob ; telle était Rébecca, fille de Bathuel et petite-fille de Nachor, frère d'Abraham, quand Éliézer la vit à la fontaine, et lui demanda à boire pour lui et pour ses chameaux.

Après nous être longtemps arrêtés devant ce tableau des mœurs, des coutumes d'autrefois, conservées à travers les siècles, depuis les premiers âges du monde jusqu'à nos jours, dans leur intégrité primitive, dans leur identité originale et parfaite, nous gravissons la colline de Samarie. La montée en est rude et le sentier crayeux. La ville n'est plus qu'un village, parsemé de ruines, attestant une ancienne splendeur. Nous y avons vu les restes de l'église de Saint-Jean-Baptiste, enseveli et décapité à Samarie, d'après la tradition. Cette église bâtie par les croisés, et aujourd'hui à moitié détruite, est transformée en mosquée. Nous y avons vu d'imposants vestiges de la colonnade d'Hérode le Grand; elle avait 1 700 mètres de longueur et 15 mètres de largeur; c'était une avenue triomphale, qui faisait le tour de la colline, et arrivait au temple d'Auguste, élevé, par Hérode, dans le centre de la ville. De nombreuses colonnes sont encore debout en double rangée, mais dépourvues de leurs chapiteaux; elles ont 5 mètres de hauteur; quelques-unes sont couchées à terre; d'autres, en plus grand nombre, n'existent plus. Les rues sont étroites, sinueuses, bordées de maisons de chétive apparence, en craie, et couvertes de toits plats, ce qui leur donne la forme carrée, lourde et disgracieuse de simples tas de pierres. Le sommet de la colline est à une altitude de 500 mètres au-dessus de la mer. De ce point culminant, l'horizon est vaste et superbe : d'un côté la Méditerranée, de l'autre des montagnes, le Carmel, le grand Hermon, le Gelboé.

En descendant, nous trouvons dans la plaine des cadavres de chameaux, dévorés par des chacals et des oiseaux de proie. Vers midi, nous nous arrêtons pour déjeuner, au *puits de Joseph*. C'est là que, 1800 ans avant Jésus-Christ, Joseph, âgé de seize ans, fut jeté par ses frères dans une citerne, et ensuite vendu vingt pièces d'argent, à des marchands ismaélites qui l'emmenèrent en Égypte. Il y a là quelques citronniers, sous lesquels nous nous abritons contre les ardeurs du soleil. Une soif inextinguible nous dévore ; notre drogman s'efforce de l'apaiser, en exprimant dans de grands verres d'eau le jus de citrons verts, qu'il cueille aux arbres. Nous faisons de cette limonade, que nous absorbons avec avidité, un usage immodéré, mais irrésistible : chers lecteurs, la torture de la soif est une des plus affreuses que l'on puisse endurer ; et pendant que nous nous désaltérions avec l'eau dont notre gargoulette avait été emplie le matin à la fontaine de Samarie, nos malheureux chevaux, qui eux aussi avaient soif, mais qui n'avaient pas d'eau, car le puits ou la citerne de Joseph est absolument à sec, nous regardaient boire, d'un air piteux, qui nous navrait. Il leur fallut marcher, toute cette journée de chaleur accablante, sans boire, et attendre jusqu'à Djennin, notre campement de la nuit, pour trouver une goutte d'eau. La plaine que nous avions à parcourir est pierreuse, sans ombre, et à plus forte raison sans eau ; tout y est desséché ; les rayons du soleil sont de feu, et leur reflet sur un terrain crayeux, uni et sans végétation, brûle les yeux. Aussi notre étape de l'après-midi nous parut longue et fatigante jusqu'à Djennin, où nous arrivâmes vers 6 heures du soir.

# LA PLAINE D'ESDRELON
## NAZARETH — CANA — LE LAC DE TIBÉRIADE
### CAÏFFA

# LA PLAINE D'ESDRELON
## NAZARETH — CANA — LE LAC DE TIBÉRIADE
## CAÏFFA

Djennin est un petit village, près duquel jaillit une source; quelques oliviers y donnent un peu d'ombrage; nos tentes y étaient dressées. En attendant notre dîner, nous assistâmes, dans une partie de la plaine voisine de notre campement, à une scène de travaux champêtres , où nous retrouvâmes , comme à la fontaine de Samarie, un cachet de primitive et patriarcale originalité. Un cheval attelé à un traîneau, conduit sur un lit d'épis, égrenait le blé; le grain recueilli sur une large pelle, et lancé en l'air, était ainsi débarrassé de ses poussières; un autre traîneau, hérissé de clous et d'aspérités, coupait, hachait, réduisait en tout petits fragments les couches de paille sur lesquelles il passait et repassait; et à tous nos campements, nous voyions que cette paille ainsi hachée et mélangée à une certaine quantité d'orge, était la nourriture habituelle des chevaux. Telle était la pratique des anciens temps; nous l'avions déjà vue en usage, quelques années auparavant, en Russie; nous aimions à la retrouver en Palestine.

Le lendemain 11 octobre, à 6 heures et demie, nous

étions en selle, et nous entrions dans la plaine d'*Es-drelon*, plaine immense, de 12 lieues de longueur sur 5 lieues de largeur, très fertile, verte, fleurie, couverte de moissons, dans les mois de mars, d'avril et de mai, et ensuite desséchée, aride et brûlée par le soleil, jusqu'aux pluies de novembre et de décembre. C'est dans cette période d'aridité que nous allions la traverser.

A notre droite, nous apercevons le village de *Jezraël*; c'est là que, 875 ans avant Jésus-Christ, la reine Jézabel, femme d'Achab, roi d'Israël, et mère d'Athalie, fut mangée par des chiens, suivant la prédiction du prophète Élie, dans le champ même de Naboth, qu'elle avait fait assassiner pour s'emparer de sa vigne.

Plus loin s'élève la montagne de Gelboé, sanglant théâtre, 1040 ans avant Jésus-Christ, de la défaite des Israélites par les Philistins, de la mort de Saül et de Jonathas. A la nouvelle du désastre et de la mort du roi et de son ami Jonathas, David avait pleuré, déchiré ses vêtements et s'était écrié dans sa douleur : « Montagne de Gelboé, que sur vous il ne tombe jamais ni pluie, ni rosée! »

Dans le lointain nous apparaissent les cimes du grand Hermon, frontière de la Palestine et de la Judée, limite du territoire d'Israël, montagne presque toute l'année couverte de neige, admirée des anciens pour sa majestueuse hauteur, et célébrée dans le *Cantique des cantiques*, comme le repaire et le refuge inaccessible des bêtes sauvages du désert.

A l'horizon et à notre gauche, les sommets arrondis

du Carmel dominent toute cette immense perspective et se détachent, par leur teinte jaune dorée, sur l'azur foncé du ciel.

Nous cheminions sous un ciel dévorant, dans cette plaine nue, où des chameaux, des chamelets, des chèvres noires paissaient une herbe épineuse et brûlée, où des gazelles, des cigognes s'enfuyaient à notre approche, où des aigles et des vautours planaient au-dessus de nos têtes, et que de loin en loin, des Bédouins armés de lances et de longs fusils traversaient à cheval, la tête enrubannée d'un épais turban, l'air hautain, farouche et peu rassurant. Vers 10 heures, alors que nous étions en route déjà depuis plus de trois heures, je demandai à Joseph si nous arriverions bientôt à la station du déjeuner : — « Pas avant deux heures, me répond-il ; il nous faut au moins deux bonnes heures, avant de trouver un arbre. Voyez-vous là-bas cette chaîne de montagnes? ce sont les montagnes de la Galilée; au pied de ces montagnes, il y a un arbre, c'est un caroubier, sous lequel nous déjeunerons; mais il nous faut encore deux heures de marche. » — Et en effet, ce ne fut qu'à midi que nous atteignîmes ce caroubier, cet arbre unique et tant désiré! Nous nous précipitâmes sous son ombre pour échapper, quelques instants, à ce soleil implacable qui nous brûlait depuis le matin ; oh! qu'elle nous parut délicieuse la limonade que Joseph nous préparait, avec l'eau de la gargoulette! quelle jouissance de boire, quand la langue est comme parcheminée, muette et sans mouvement! quand la bouche n'a plus de salive, que la gorge est en feu, et que les lèvres sont fendues comme se fend une terre aride et desséchée ! Et pendant que nous savourions cette délectation, à l'ombre du caroubier, nos chevaux restés au soleil, sans abri, dévorés aussi de la soif, n'avaient rien à boire, rien à manger ; c'était pitié de voir ces malheureuses bêtes souffrir, en nous regardant, le supplice de Tantale, et nous demander la goutte d'eau que nous ne pouvions pas leur donner !

Nous avions dépassé la frontière de la Samarie ; et nous entrions dans la Galilée, en gravissant, pendant une heure et demie, par une chaleur suffocante, le versant méridional d'une montagne calcaire et rocheuse, dont les parties supérieures, inégalement excavées, forment une vallée onduleuse et fertile, occupée par la ville de *Nazareth*.

Nous sommes ici dans l'un des trois principaux sanctuaires de la terre sainte ! *Jérusalem, Bethléem, Nazareth*.

Ce sont les murs de Nazareth qui, les premiers, ont entendu la *Salutation Angélique*, l'*Ave Maria*, de la bouche même de l'Ange Gabriel, envoyé par le Seigneur pour annoncer à Marie qu'elle enfanterait le Sauveur ; ils ont été le tabernacle du mystère de l'Incarnation, qui s'est accompli, au moment où la Vierge de la tribu de Juda, de la famille et de la maison de David, répondit à l'Ange : « Je suis la servante du Seigneur, qu'il me soit fait selon votre parole. »

C'est de Nazareth, que la Vierge Marie partit pour visiter sa cousine Elisabeth. Quelle scène entre ces deux femmes ! l'une, portant dans son sein celui qui devait être le précurseur du Messie, et l'autre le divin Messie lui-même !... Elisabeth, déjà avancée en âge, saluant sa jeune cousine, avec le respect que lui inspirait sa maternité divine, reprenant et continuant la *Salutation Angélique*, et lui disant: « Vous êtes bénie entre « toutes les femmes, et le fruit de vos entrailles est « béni; et d'où me vient ce bonheur que la mère de « mon Sauveur vienne me visiter? » — Et Marie exprimant tous les sentiments, tous les transports de son âme, son allégresse, sa reconnaissance, son adoration, par le Magnificat, cantique sublime, que l'esprit humain ne pourra jamais assez admirer, et que, depuis dix-huit siècles, toutes les voix religieuses de la terre n'ont pas cessé de redire et de chanter, avec un enthousiasme toujours nouveau!

C'est de Nazareth, que Joseph, issu comme Marie de la tribu de Juda, et comme Elle aussi, le dernier rejeton de la maison et de la famille de David, partit avec Marie pour aller se faire inscrire, conformément à l'édit de César-Auguste, en Judée, dans la ville de David, à Bethléhem, où les Anges du ciel annoncèrent au monde la naissance du Sauveur Jésus.

C'est à Nazareth qu'au retour de l'Égypte Joseph vint fixer sa demeure, avec l'enfant et sa mère, afin que cette parole des Prophètes fût accomplie : « Il sera appelé Nazaréen. »

C'est à Nazareth que Jésus passa les trente premières années de sa vie, dans la retraite, *soumis à ses parents, subditus illis.* A douze ans, aux fêtes de Pâques,

il les accompagna à Jérusalem, où ils le virent assis
dans le temple, écoutant et interrogeant les docteurs,
étonnés de sa sagesse et de ses réponses ; et quand, à
l'âge de trente ans, il quitta Nazareth, ce fut pour
commencer sa mission divine, après être allé en
Judée recevoir, dans les eaux du Jourdain, le baptême de Jean. Le saint précurseur le voyant venir à
lui s'écria : « Voici l'Agneau de Dieu qui efface les
péchés du monde ! »

Nazareth est une petite ville de 6 à 8 000 âmes,
située, comme nous l'avons dit, dans une vallée sur le
versant méridional d'une haute montagne calcaire ;
elle est entourée de murailles dont la blancheur
crayeuse se détache au milieu de la verdure des haies
de cactus qui bordent ses jardins, plantés de figuiers
et d'oliviers; sa population est composée de Latins, ou
catholiques, de Grecs schismatiques, de Grecs unis,
de Maronites et de musulmans. Saint Louis y vint en
1250; les croisés y bâtirent une église qui fut ruinée
à l'époque de la conquête de la Palestine par les Turcs,
en 1517; elle fut reconstruite par les franciscains, à
la fin du xvii$^e$ siècle, et achevée, telle qu'elle est aujourd'hui, dans les premières années du xviii$^e$ siècle
en 1730.

Arrivés à *Nazareth*, par une chaleur torride de 36 à
37 degrés, nous entrâmes tout d'abord au couvent
des franciscains; on nous donna une chambre très
propre, blanchie à la chaux, où nous nous reposâmes
quelques instants. Un Père se mit à notre disposition
et, sous sa conduite, nous visitâmes la belle église

de l'*Annonciation*; elle a été construite sur l'emplacement même de la maison de la sainte famille, où l'Ange vint annoncer à Marie qu'elle serait la mère du Sauveur, et dans laquelle Jésus-Christ vécut pendant les trente premières années de sa vie ; cette église est de style grec ; elle s'élève sur un terre-plein, dallé de marbre blanc, d'où la vue s'étend au loin sur le versant de la montagne et sur la plaine d'Esdrelon ; elle a trois nefs, et plusieurs chapelles décorées de beaux marbres et de tableaux ; l'une de ces chapelles a été donnée par l'empereur d'Autriche actuel ; le chœur est derrière le maître-autel, élevé d'une douzaine de marches ; sous le maître-autel est une crypte ; on y trouve une première chapelle dite chapelle de l'*Annonciation*, avec cette inscription : *Hic Verbum caro factum est (c'est ici que le Verbe s'est fait chair)*. C'est là qu'était la sainte Vierge, quand lui est apparu l'ange Gabriel. Plus bas, dans une autre chapelle dédiée à saint Joseph, on lit cette inscription : « *Hic erat subditus illis (c'est là qu'il leur était soumis)*!

Cette crypte est en quelque sorte la maison même de la sainte famille ; on s'y représente la Vierge Marie, cet incomparable modèle de pureté, de modestie, d'humilité, recevant l'Ange Gabriel !... et plus tard, entre cette mère virginale, la plus sainte de toutes les créatures, et saint Joseph, le divin Enfant, « croissant en sagesse, en âge et en grâce, devant Dieu et devant les hommes ! »... Dans un pareil lieu, et avec ces souvenirs et ces pensées, comment ne pas être ému jusqu'au fond de l'âme ? et comment ne pas tomber à genoux, dans une muette et ineffable adoration?

Au sortir de l'église de l'*Annonciation*, le Père franciscain nous conduisit, à travers des rues étroites et grimpantes, dans la synagogue où, suivant la tradition, Jésus se rendait avec son père et sa mère ; il nous fit voir, mais de loin seulement, une chapelle située dans le haut de la ville, dans le quartier musulman, sur l'emplacement de l'atelier de saint Joseph, et, d'un autre côté, le couvent des Sœurs de saint Joseph.

Nous gagnâmes ensuite nos tentes dressées, sur une petite place gazonnée, en dehors de la ville, et en regard d'une haie de cactus chargée de belles figues de Barbarie, dont Hamet fit, pour son diner, une ample moisson ! notre nuit fut troublée par les moustiques et par les chiens, qui ne cessèrent, à l'instar des chiens de Jérusalem et de presque toutes les villes d'Orient, de pousser les hurlements les plus bruyants et les plus féroces.

Le lendemain, vendredi 12 octobre, à 7 heures du matin, nous sommes en selle ; nous quittons Nazareth, où nous devons revenir le samedi soir, et nous partons pour *Tibériade*. Nous descendons le versant septentrional de la montagne, et nous arrivons à Cana, où Jésus-Christ fit son premier miracle.

*Cana* est un village situé à une heure de Nazareth, au bas, au pied, et au nord de la montagne dont Nazareth occupe le sommet, la face méridionale et opposée. L'aspect de Cana est agréable ; les maisons sont échelonnées sur un des côtés d'une grande place circulaire ; au centre de cette place, est un puits au fond duquel il faut descendre pour puiser de l'eau ; à côté de ce puits, est une grande auge de pierre sculptée à l'antique ; ancien cercueil, et maintenant abreuvoir pour les bestiaux. Tout autour de la place s'étendent de plantureux jardins enfermés de haies de cactus, où croissent des orangers, des oliviers, et surtout des grenadiers, dont les fruits, en pleine maturité, émaillent le feuillage de leur belle teinte rouge foncée. Nous mettons pied à terre devant un modeste couvent de franciscains ; c'est là que fut opéré le miracle ; une petite chapelle que nous visitons a été bâtie sur le lieu même du festin nuptial, auquel assistait Jésus avec sa mère et ses disciples ; un tableau placé au-dessus de l'autel en retrace les détails, tels qu'ils sont donnés par saint Jean l'Évangéliste.

Au delà de Cana, nous suivons pendant plus d'une heure un sentier à peine tracé au milieu d'éboulis de rochers, sur lesquels nos chevaux doivent marcher, avec la prestesse et la sûreté de jambes qui les caractérisent, sous peine de faire quelque redoutable dégringolade ; nous franchissons heureusement sans accident cette passe dangereuse, et nous nous trouvons dans une plaine immense, traversée, de loin en loin, par des caravanes de chameaux, s'avançant, comme toujours, en longue file, un à un, d'un pas cadencé, et toujours le même. La chaleur est plus accablante encore que dans la plaine d'Esdrelon. A notre droite s'élève le *Thabor*, la montagne de la Transfiguration ; nous en côtoyons le versant oriental ; la chaleur excessive, le temps qui nous presse, la nécessité d'être le lundi suivant à Caïffa, pour y prendre le paquebot, nous empêchent d'en faire l'ascension.

Plus loin, et du côté opposé, se dresse à notre gauche la *montagne des Béatitudes*, dont nous longeons la face orientale. « Jésus voyant autour de lui une grande multitude de peuple qui l'avait suivi de la Galilée, de la Judée, de Jérusalem et d'au delà du Jourdain, monta sur la montagne, et quand il se fut assis au milieu de ses disciples, il les instruisait. » Cette instruction connue sous le nom de *Sermon sur la montagne* est un complet et admirable résumé de la doctrine et de la morale évangéliques ; on l'appelle aussi les *huit béatitudes*, parce qu'elle commence par l'énoncé des huit conditions qu'il faut remplir pour être heureux en ce monde, et mériter la vie éternelle.

A quelque distance de là, nous prîmes un instant d'ombre et de repos sous un bouquet d'arbres, isolé dans ce désert torride ; et quand nous repartîmes, ce fut pour gravir un monticule dont le sommet déroula sous nos yeux une vaste et pittoresque perspective. Bien loin, à nos pieds, au fond de la vallée, la belle nappe bleue du lac de Tibériade nous apparaissait encadrée par des montagnes, les unes arides et rocheuses, les autres couvertes de végétation. La ville de Tibériade s'étendait sur le bord du lac, se mirait dans la transparence de ses eaux azurées ; quelques palmiers balançaient, çà et là, leur tête altière et chevelue, et toute une population d'hommes, de femmes et d'enfants, à peine vêtus, les jambes et les

pieds nus, travaillaient d'une manière dérisoire à une
route commencée depuis cinq ans, et qui ne sera jamais finie.

L'indolence, l'apathie, l'inertie, l'oisiveté, sont les
principales vertus, ou les moindres défauts du
gouvernement turc ; ne rien faire, abandonner toutes
choses à elles-mêmes, les laisser s'émietter, péricliter,
s'effondrer dans le *statu quo* de la négligence et de
l'oubli ; vivre dans une incurable routine ; ne jamais
rien améliorer ; s'opposer à tous progrès : telle est l'essence de ce gouvernement inqualifiable. Le temps,
qui détériore tout, a ouvert des brèches dans les murs
de ses villes, a dégradé, a ébranlé ses monuments,
ensablé ses ports, ses canaux et ses rivières, tari, détourné les sources qui autrefois arrosaient, fécondaient ses campagnes actuellement arides, desséchées
et improductives ; n'importe, il n'en prend nul souci ;
ses terres restent en friche, à l'état de désert, ne produisent que des ronces et des épines, il ne s'en occupe
pas ; il a des yeux pour ne rien voir, et des oreilles
pour ne rien entendre. On dirait qu'il a honte de ses
misères volontaires, et que, pour ne pas avoir à en
rougir, il s'efforce de faire le vide autour de lui, d'éloigner, de repousser les étrangers et les voyageurs, par
l'absence de tout confortable, par ses exigences surannées de passeports, de teskerés, par ses douanes
tracassières et rapaces ; et quand quelque nécessité
impérieuse triomphe de son mauvais vouloir et
l'oblige à sortir de son inertie, pour un travail quelconque, il le fait dans les conditions les plus insuffi-

santes et les plus ineptes. Chers lecteurs, parcourez la Palestine et la Syrie, et vous verrez que nous n'exagérons rien, et que nos appréciations ne sont ni gratuitement malveillantes, ni trop sévères pour le gouvernement de Sa Hautesse le père des croyants; descendez comme nous cette route qui, du sommet de la montagne, amène, en une henre, à Tibériade; on s'en occupe depuis cinq ans; mais, chaque année, pendant trois mois seulement; et quand, après une interruption de neuf mois, on reprend les travaux inachevés, tout s'est détérioré; il faut tout refaire, tout recommencer, et ainsi chaque année. Voyez maintenant avec quelle mollesse, quelle nonchalance se fait l'ouvrage : les femmes, les enfants apportent les pierres et tous les matériaux, dans des paniers d'osier, semblables à ceux dont nos ménagères se servent pour nos fruits et nos légumes; n'est-ce pas inepte? n'est-ce pas une dérision?

Mais élevons-nous à de tout autres pensées, *paulò majora canamus. — Sursum corda!...* Voici le *lac de Tibériade*, qui se déploie dans toute son étendue, avec son cadre de montagnes et ses rives, où l'on nous montre l'emplacement de *Bethsaïde*, de *Magdala*, de *Capharnaïm*, de l'embouchure du *Jourdain*. Nous sommes ici dans une zone privilégiée de la Terre sainte, dans le pays que le Sauveur a tout particulièrement affectionné, où il a fait le plus grand nombre de ses miracles, où il a passé la plus grande partie de sa vie publique. A *Cana*, il change l'eau en vin; sur le Thabor, dépouillant son humanité, il se laisse voir à ses apôtres, dans le rayonnement et l'éblouissant éclat de sa divinité ; au *lac de Tibériade*, nommé aussi *lac de Génézareth*, et *mer de Galilée*, il appelle à lui, pour en faire des disciples, des *pêcheurs d'hommes*, des apôtres et plus tard des martyrs, Simon Pierre, et son frère André. Ce lac, dont la belle nappe d'eau charme nos yeux, est pour lui comme un terrain solide, sur lequel il marche à pied sec. Une tempête furieuse s'élève ; ses disciples épouvantés s'écrient : « Seigneur, sauvez-nous, nous périssons ! » — D'un mot, il commande aux éléments déchaînés, et le calme se fait, et tous, saisis d'étonnement, se disent : « Quel est donc cet homme à qui les vents et la mer obéissent? » Avec cinq pains d'orge, il nourrit cinq mille hommes attachés à ses pas, pour entendre sa parole. Sur son ordre, ses disciples jettent leurs filets à la mer, et ils les retirent avec une telle multitude de poissons, que deux barques en sont remplies. A *Capharnaüm*, il guérit le serviteur du centenier ; il rend la vue aux aveugles, la santé aux malades, le mouvement aux paralytiques, et ressuscite la *fille de Jaïre*, le chef de la synagogue. Les foules accourent à sa voix, de tous les pays, des villes et des campagnes, l'acclament, et se pressent autour de lui. Quels souvenirs ! quel bonheur de visiter ces lieux sanctifiés par tant de merveilles, et tout palpitants encore de la présence, de la parole, de l'action divine, et de la gloire du Sauveur Jésus !

Nous sommes arrivés à Tibériade vers 2 heures de l'après-midi, et c'est aux franciscains, qui nous ont parfaitement accueillis, que nous avons tout d'abord demandé asile. Le couvent, bien modeste, mais propre et soigneusement tenu, était dans la joie, car un grand tableau, pour l'église de saint Pierre, lui était envoyé de Paris. On nous installa dans une galerie ouverte à tous les vents, où une abondante limonade nous fut servie. Au-dessus de cette galerie, était une terrasse de laquelle on jouit d'un magnifique panorama sur la ville, sur le lac et sur les montagnes qui l'entourent. Nous sommes ici à 220 mètres au-dessous du niveau de la Méditerranée ; Jérusalem est à 550 mètres au-dessus de ce même niveau ; par conséquent Tibériade est à 770 mètres au-dessous de Jérusalem ; aussi la chaleur y est-elle beaucoup plus forte. Après la mer Morte, c'est le pays le plus chaud de toute la Palestine. La population est de 6 à 8,000 âmes ; les Juifs y sont en majorité. Vers 5 heures nous remontons à cheval, et nous parcourons les rues, presque toutes couvertes de planches, comme abri contre les ardeurs du soleil. Nous voyons des physionomies empreintes des plus hideux caractères ; les murailles et la citadelle ne sont plus qu'un monceau de ruines. Nos tentes ont été dressées à une demi-lieue de la ville, sur une petite éminence qui domine le lac ; nous nous y rendons, en suivant le bord de l'eau, dont la belle couleur bleue est un repos pour les yeux fatigués des reflets du soleil sur un sol pierreux. Le lac est de configuration ovale ; sa longueur est de 6 lieues environ, et sa largeur moyenne de 2 à 3 lieues. Le Jourdain le traverse, dans sa plus grande étendue, comme le Rhône traverse le lac de Genève. Ses eaux, qui étaient paisibles, unies comme une glace, sont quelquefois bouleversées en vagues furieuses. J'ai voulu m'y baigner; j'ai voulu me plonger dans ces ondes si pures et si bleues, que Jésus-Christ avait souvent traversées, sur lesquelles il avait marché, dont il avait apaisé la tempête, et qui, dociles à sa voix, avaient fourni à saint Pierre et à ses compagnons les poissons de la pêche miraculeuse.

L'année précédente, en me baignant dans le golfe d'Égine, au Phalère, près d'Athènes, j'avais ressenti l'impression de froid habituelle au premier contact de l'eau ; au Caire, tout dernièrement, en me baignant dans le Nil, j'avais encore éprouvé cette même impression, mais à un moindre degré. Au lac de Tibériade, rien de semblable, je crus entrer dans un bain chaud, et à peine étais-je sorti de l'eau, que déjà, bien qu'il fût 6 heures du soir, la chaleur de l'air m'avait instantanément mis à sec, et enlevé toute trace d'humidité.

Le samedi 13, à 6 heures du matin, nous partons pour Nazareth, où nous voulons coucher. Nous grimpons, pendant une heure, la même route descendue la veille; arrivés au sommet de la montagne, nous promenons un long regard de vénération, de tristesse et d'adieu, sur le lac de Tibériade, que, sans doute, nous ne reverrons plus ; sur ce lac sanctifié par la présence du Sauveur, témoin de tant de miracles, mentionné si souvent dans l'Évangile, et dont le nom seul rappelle tant de souvenirs, éveille tant de pieuses émotions!...

A midi, nous étions de retour à *Cana*; la chaleur était suffocante, plus étouffante que jamais, de 38 à 39 degrés au moins. Sur la grande place, des hommes presque nus descendaient dans le puits, disparaissaient dans sa profondeur, et remontaient avec de grands vases de fer-blanc pleins d'eau, qu'ils allaient vider dans plusieurs auges, ou abreuvoirs disséminés dans l'étendue de la place. Bientôt un spectacle étrange nous fut offert : par toutes les avenues aboutissant à cette place, se précipitent de toute leur vitesse, et d'une course furibonde, des troupeaux altérés, dévorés par la soif; c'était une véritable et subite invasion, un torrent, une avalanche, un ouragan de bestiaux. En quelques minutes, cette grande place est remplie, encombrée de plus de trois mille têtes de bétail, mélange, cohue, pêle-mêle indescriptibles de vaches noires, de moutons noirs, de chèvres noires ; au-dessus et au milieu de cette fourmilière, se balancent les longs cous des chameaux ; toute cette mêlée d'animaux disparates se ruent avec rage vers les auges, montent à l'assaut des abreuvoirs, et sans distinction de race ni d'espèce, grimpent, se hissent les uns sur les autres, poussés, torturés par le besoin irrésistible de boire.

Pendant toute cette bagarre, nous étions blottis sous un olivier, cherchant un peu d'ombre, éteignant, à force de limonade, le feu de notre gorge et de nos poumons; l'actif Joseph suffisait à peine à cueillir les oranges, les citrons verts, à en exprimer le jus dans l'eau de notre gargoulette, et nos chevaux, immobiles, se garaient derrière une haie de cactus, d'un soleil foudroyant.

Après deux ou trois heures de repos, nous nous mettons en route, et nous gravissons la montagne calcaire et crayeuse, sur le côté opposé de laquelle est bâtie Nazareth. Nos tentes sont dressées en dehors de la ville, dans une petite prairie qui domine toute l'étendue de la plaine d'Esdrelon.

Depuis un mois que nous sommes en Orient, jamais le ciel n'a cessé d'être du bleu d'azur le plus pur. Jamais un nuage n'a troublé, n'a obscurci la sérénité du firmament. Le jour, le soleil a constamment rayonné de ses feux les plus ardents; la nuit, la lune a toujours répandu sa lumière douce, blanche et rêveuse, et les étoiles toujours scintillé de mille feux étincelants, dont les paroles ne sauraient décrire la splendeur, le charme idéal et la merveilleuse beauté. Mais ce soir, après cette journée torride, voilà que des nuées épaisses s'accumulent à l'horizon, un orage se prépare; il éclate pendant la nuit; le tonnerre gronde avec fracas, les éclairs sillonnent l'obscurité de lueurs d'incendie; la pluie tombe par torrents; des rafales de vent sifflent, mugissent avec un bruit infernal; l'ouragan fouette, secoue, ébranle nos tentes que rien ne protège, sur la hauteur où elles sont placées; il nous semble, à chaque instant, qu'elles vont être renversées, culbutées, enlevées par la tourmente. Tous nos hommes sont debout, et, sous les ordres de Joseph, ils vont d'une tente à l'autre, consolidant les pieux, les enfonçant à coups de maillet, resserrant les cordages, raffermissant les points d'appui. Ce fut vraiment une scène à grand effet, émouvante, et même dont nous ne dissimulerons pas le caractère effrayant.

Heureusement il n'y eut aucun désastre ; l'orage se dissipa, et si jamais le proverbe : *après la pluie, le beau temps*, a exprimé une vérité, ce fut bien dans cette circonstance. A peine le jour avait-il commencé à poindre, qu'une magnifique aurore illuminait le ciel, montrant une fois de plus que l'Orient est le pays du soleil.

C'est dimanche. De bonne heure, nous sommes à cheval, gravissant les rues qui mènent à l'église de l'*Annonciation;* chemin faisant, la voix chevrottante et nasillarde d'un muezzin, appelant, du haut d'un minaret, les *fidèles* à la prière, nous rappelle que l'Orient est malheureusement le pays de Mahomet.

La belle église de l'*Annonciation* était remplie d'une foule d'hommes, de femmes et d'enfants à genoux sur les dalles de marbre, et chantant à tue-tête des cantiques arabes, pendant qu'un prêtre, à l'autel, célébrait la messe ; ces chants, peu harmonieux, avaient l'âpreté de la langue arabe.

Un colloque entre plusieurs Arabes donne toujours l'idée d'une scène violente : leurs conversations ressemblent à des disputes ; leurs paroles ont le caractère d'injures ; elles respirent la colère et l'emportement, tant l'accentuation et les intonations ont de dureté et de sauvage rudesse. Combien de fois, en les écoutant, n'avons-nous pas cru qu'ils allaient en venir aux mains, quand en réalité leur entretien n'était que paisible ou même facétieux ! Or ce même caractère se trouve dans leurs chants ; la modulation en est dure et d'une tonalité sèche et acrimonieuse. Nous l'avons constaté aussi dans le sermon qui a suivi la messe ; à l'entendre, on eût dit la diatribe d'un tribun, plutôt qu'une homélie sacerdotale.

Après ce premier office, d'une couleur locale si originale et si primitive, où l'on sentait le désert plutôt que la civilisation, où rien ne rappelait les *Litanies* de la sainte Vierge, ou le *Salve Regina*, nous assistâmes à la grand'messe chantée, en latin, par les Pères franciscains ; quand elle fut terminée, nous sortîmes de ce sanctuaire, de ce berceau de l'Incarnation, et à 10 heures nous quittâmes cette ville de Nazareth, que le divin Rédempteur a faite si célèbre et si sainte, où Jésus Enfant a grandi, où, depuis dix-huit siècles, les pèlerins de toute les nationalités ne cessent de venir visiter et vénérer la demeure de la sainte Famille.

Tournant à droite, et descendant le versant occidental de la montagne, nous aperçûmes la petite ville de *Naïm*, où Jésus-Christ ressuscita et rendit à sa mère le fils unique d'une femme veuve, qu'on portait en terre. A partir de ce point, l'aspect du pays n'est plus le même ; nous traversons une forêt de chênes ; plus loin, nous entrons dans une vallée arrosée par un petit ruisseau appelé le *Kichon*. Depuis que nous sommes en Palestine, c'est le premier cours d'eau que nous rencontrons : sur sa rive gauche, s'élève une chaîne de montagnes dont la dernière, la plus haute et la plus importante, est le *Carmel*. A 5 heures du soir, nous arrivons à notre campement, nos tentes sont dressées au pied d'une montagne et au bord du Kichon.

Le lundi 15 octobre, à 7 heures du matin, nous assistons à l'enlèvement des tentes ; nous ne devons plus coucher sous leur abri ; moukres, cuisinier, garçon de chambre, mulets, reprennent le chemin de Jérusalem. C'est avec regret, et le cœur serré, que nous les voyons partir ; cette vie nomade et voyageuse, avec son imprévu, ses surprises et ses émotions ; ces nuits du désert, au bord d'une source, loin de toute habitation, avec une escorte d'hommes et d'animaux dormant autour de nous, sur la terre ; ces nuits, au milieu de solitudes immenses dont le silence n'était troublé que par les hurlements des chacals, avaient un charme, une poésie, dont nous aimions l'aventureuse originalité ; et ces Arabes si empressés à nous servir tous les soirs au campement, plus heureux que nous, ils retournaient à Jérusalem, que nous ne reverrons peut-être plus !...

Nous continuons notre route, avec nos chevaux habituels, en suivant les bords du Kichon, dans une plaine fertile, toute remplie, toute hérissée d'une plante de la famille des *ombellifères*, qui nous a paru très curieuse. Elle a des tiges élancées, ramifiées et cannelées, qui se terminent, quand elle est desséchée, par un volumineux faisceau de pédicules barbus ; l'extrémité adhérente de ces pédicules sert de cure-dents. Nous avons rapporté et nous conservons plusieurs spécimens de cette belle plante (*ammi visnaya*), dont M. le professeur Quignard a bien voulu nous faire connaître le nom.

En trois heures, nous arrivons à *Caïffa*, port de mer, petite ville de 6 à 7,000 âmes, dans une situation délicieuse, au pied du *Carmel;* cette montagne célèbre s'avance, comme un verdoyant promontoire, jusque dans la mer; nous voyons, à son sommet, l'église et le monastère des Religieux qui l'habitent; tout le long de sa base s'étend Caïffa, au milieu d'une belle végétation, de plantureux jardins d'oliviers, de caroubiers, de palmiers. Caïffa et le Carmel forment la pointe occidentale d'une baie, d'un golfe gracieusement arrondi, à l'autre extrémité duquel nous apercevons la ville de *Saint-Jean d'Acre*, l'ancienne *Ptolémaïs*, assiégée sans succès, en 1799, par le général Bonaparte. Le golfe de Caïffa et de Saint-Jean d'Acre est un splendide panorama; nous ne pouvons nous lasser de le contempler, du balcon de l'hôtel allemand où nous attendons le paquebot qui, aujourd'hui même, doit nous emmener à Beyrouth.

BEYROUTH

# BEYROUTH

Tout s'était fait suivant nos conventions avec
l'agence Cook de Jérusalem. Partis de la Ville Sainte
le lundi 7 octobre, au matin, nous devions parcourir
la Judée, la Samarie, la Galilée, et arriver dans la
journée du 15 à Caïffa, pour nous y embarquer sur
le paquebot de quinzaine du Lloyd autrichien, qui,
ce jour-là même, y fait escale, en allant à Beyrouth. Ce
programme, habilement tracé, avait été accompli à
la lettre et non moins habilement par Joseph ; au
jour dit, nous étions à Caïffa ; Hamel et son camarade
emmenèrent *Coco* et les trois autres chevaux ; quant
à Joseph, il devait nous accompagner jusqu'à Beyrouth.

Le paquebot ne parut que dans la soirée, et comme
le port de Caïffa ne vaut pas mieux que celui de Jaffa,
il dut rester au large. A 9 heures, et par une nuit profonde, nous nous dirigeâmes vers la douane ; elle fut,
ce qu'elle est toujours en Turquie, indigne d'une
nation civilisée, arbitraire, vexatoire, rapace et flibus-
tière. Le douanier chef faillit, par ses tracasseries
et ses exigences, nous faire manquer notre départ,
sous prétexte que nos colis contenaient des étoffes
prohibées, et que notre *Téskéré* n'était pas en règle ;

mais aussitôt que nous lui eûmes glissé dans la main un bon *Batchich*, il déclara que tout était pour le mieux, que tout était parfait, et que nous pouvions partir ; alors, heureux d'échapper aux griffes de ce vautour, de ce vampire, nous nous hâtâmes de monter en barque, et de gagner au plus vite et à force de rames le paquebot, qui était sur le point de lever l'ancre, en nous laissant pour quinze jours à Caïffa.

Le mardi 16, après une nuit de mer très chaude, nous arrivâmes, à 8 heures du matin, en vue de *Beyrouth.*

Chers lecteurs, admirez avec nous ce magnifique panorama : voyez cette grande ville, dont les maisons rouges, blanches, vertes, sont étagées depuis le bord de la mer jusqu'au sommet de la colline, dont elles occupent tout le versant. Sur le haut de cette colline, voyez ces constructions monumentales et crénelées, ces immenses établissements de toutes les formes, de tous les styles ; ces palais arabes, ces galeries que soutiennent d'élégantes colonnades, et qu'entourent des jardins ; voyez ces pins d'Italie en parasol, et ces palmiers qui se balancent de tous côtés par-dessus les maisons ; mais contemplez surtout cette immense et majestueuse chaîne de montagnes qui dominent la ville du côté de l'Orient ; leurs masses imposantes et grandioses sont d'une belle teinte jaune dorée, et leurs cimes, dont quelques-unes s'élèvent à 4800 mètres, habituellement couvertes de neiges, se détachent, par leur blancheur éblouissante, sur l'azur d'un ciel toujours pur, toujours bleu ! C'est le *Liban*, chanté par

Salomon dans le *Cantique des Cantiques;* c'est le Liban,
qu'ombrageaient ces cèdres si fameux dans l'antiquité,
ces arbres gigantesques qui fournirent au temple
de Jérusalem ses lambris, ses plafonds les plus riches;
on en retrouve encore aujourd'hui quelques robustes
et vénérables rejetons, échappés aux ravages du
temps, et supportant noblement le poids des siècles.
Deux peuplades bien différentes habitent le Liban : les
*Druses*, tribu belliqueuse, remuante, fanatique, de
mœurs rudes, d'une religion se rapprochant du maho-
métisme; et les *Maronites*, d'un caractère doux, hos-
pitalier, catholiques romains, soumis à la juridiction
ecclésiastique du patriarche d'Antioche, et, depuis les
croisades, sous la protection de la France. Ces deux
peuplades, sujettes de la Turquie, sont ennemies l'une
de l'autre, et presque toujours en lutte. En 1860, les
Druses excités par les Turcs firent un épouvantable
massacre des Maronites. La France dut intervenir à
main armée, pour rétablir la paix et le bon ordre.

Nous débarquons et, après la visite de l'inévitable
douane, nous nous rendons à l'*hôtel d'Orient*, sur le
bord de la mer; hôtel de premier ordre, d'une excellente tenue, dont le propriétaire, M. Bassoul, est élé-
gamment vêtu, à la syrienne, d'une longue tunique,
ou robe de belle soie rayée, descendant jusqu'aux
pieds, et d'une casaque agrémentée d'ornements et
de broderies de diverses couleurs.

Beyrouth est le principal port de commerce de la
Syrie; sa population, de 80 à 90,000 âmes, se compose
de Turcs, d'Arabes, de Grecs catholiques, de Grecs

schismatiques, de catholiques latins, de Maronites, de Druses, et d'une nombreuse colonie européenne, française, italienne, russe; aussi ses rues offrent le curieux et piquant spectacle des physionomies les plus originales, des types les plus divers, des costumes les plus variés. Bédouins en burnous et en turbans; Turcs au fez rouge, à la large culotte flottante; femmes voilées, masquées, enveloppées de mantilles noires, blanches, rouges, jaunes, relevées sur la tête; enfants en chemise, nus ou presque nus; prêtres grecs, dont le costume est en tout semblable à celui de nos avocats; et au milieu de toute cette bigarrure, nos toilettes, nos modes parisiennes! Toutes les rues sont en montée, bordées de magasins de toute espèce, où sont étalés les étoffes, les vêtements, les industries, les fruits de l'Orient, des pastèques, des dattes, des bananes, des faisceaux de longues cannes à sucre, semblables à de verts roseaux. Dans les parties basses de la ville, on trouve les hôtels, les consulats, le consulat de France en particulier; les banques, la poste, les agences de paquebots des diverses nations. Dans les parties hautes, ce sont des hôpitaux, des églises, l'église des Capucins, des demeures princières, de véritables palais, des jardins splendides, où croissent les plantes les plus rares, les arbustes les plus fleuris. Au sommet, et comme couronnement, s'élèvent le pensionnat des Jésuites, le Patriarcat grec catholique, l'hôpital français, et la merveille de la ville, le couvent des Sœurs de Nazareth. Tous ces édifices, tous ces jardins, sont comme autant de belvédères, d'où

la vue embrasse les plus magnifiques horizons : d'un
côté, c'est toute la ville, échelonnée sur le versant de
la colline, avec ses zones de verdure, ses palmiers,
ses maisons bariolées de toutes les couleurs, et la
mer immense, aussi bleue que le ciel; de l'autre, c'est
toute la campagne, la grande promenade des Pins, le
bois de Boulogne, plantée de lianes, de bambous, de
pins en parasol, et toute la chaîne du Liban, avec ses
oliviers, ses figuiers, ses lauriers-roses, ses villas,
disséminés tout le long, et à toutes les hauteurs de
ses pentes gigantesques.

La maison des Jésuites est un établissement hors
ligne, qui devait tout particulièrement exciter notre
intérêt : ses constructions immenses, monumentales,
renferment tout ce qui constitue un pensionnat de
premier ordre, de la tenue la plus parfaite, où sont
réunis des enfants, des jeunes gens de l'Égypte, et de
tous les pays orientaux. Grande et belle église, vastes
salles de classes, d'études, de parloirs, d'exercices de
toutes sortes : galeries couvertes, cours, préaux plantés d'arbres. A ce pensionnat si complet, si largement
organisé, est jointe une école de médecine, où quatre-
vingts élèves environ sont formés à la vie médicale,
suivent tous les degrés des études spéciales, depuis
les sciences accessoires jusqu'aux cours cliniques de
pathologie interne et externe, nécessaires pour obte-
nir le diplôme de docteur décerné par cette faculté,
suivant le droit dont elle a été investie par le gouvernement français. La France, en effet, reconnaît et
protège la faculté de médecine des Jésuites de Bey-

routh et, chaque année, elle y envoie un professeur de
Paris pour l'inspecter. Huit ou neuf médecins de la
ville en sont les professeurs titulaires ; nous en avons
vu deux, appartenant à l'école de Paris, le docteur de
Brun, professeur de clinique médicale, et le docteur
Hache, professeur de clinique chirurgicale, ancien
interne de Péan à l'hôpital Saint-Louis. Les Pères
Jésuites professent, eux-mêmes, les sciences accessoires : histoire naturelle, zoologie, botanique, physique, chimie. Nous avons parcouru toutes les parties
de cet important établissement, dirigé par soixante-
dix Pères. Nous avons vu le cabinet de physique, enrichi de tous les instruments les plus nouveaux, les plus
perfectionnés, ayant trait à toutes les branches de la
physique, à l'électricité en particulier. Nous avons
vu le cabinet de chimie, tout aussi complet, pourvu
de toutes les substances, de tous les appareils nécessaires aux expériences, aux manipulations, aux ana-
lyses ; la bibliothèque, les salles de dissections, et
même une imprimerie, dont tous les rouages fonction-
naient en pleine activité.

Tout près de la faculté de médecine, est l'hôpital
français, jolie et nouvelle construction. Les salles
s'ouvrent sur des galeries que soutiennent d'élégantes colonnes, et d'où l'on jouit d'admirables
perspectives sur l'ensemble de la ville, sur le
port, sur la mer. Dans cet hôpital, il y a un service de médecine à la tête duquel est placé le
professeur de Brun, et un service de chirurgie dirigé
par le professeur Hache ; nous avons assisté à la cli-

nique de ces deux professeurs, entourés d'élèves, dont nous avons pu apprécier l'instruction et la bonne tenue.

Au sortir de cet hôpital, où les Sœurs de Saint-Vincent de Paul ont la haute main, le professeur de Brun nous conduisit à un dispensaire très considérable, dont il est chargé; six ou sept cents malades s'y présentent, tous les jours, pour y recevoir une consultation et des médicaments. Assis à côté de notre savant confrère, nous avons suivi, avec toute l'attention qu'il mérite, ce nombreux et très intéressant défilé de malades. Les affections paludéennes, dartreuses, syphilitiques, scrofuleuses, nous ont paru les plus fréquentes et les plus graves ; nous en avons vu de hideuses, d'épouvantables. Vingt-cinq Sœurs de Saint-Vincent de Paul, attachées à ce dispensaire, secondent le médecin de la manière la plus active, la plus intelligente et la plus dévouée ; nous en avons été témoin. Les mœurs, paraît-il, laissent beaucoup à désirer, et rappellent les errements de l'antique Sodome. Les familles, cependant, sont généralement nombreuses ; il n'est pas rare d'y voir quatorze, quinze enfants; le docteur de Brun nous en a cité une dans laquelle la même femme a donné le jour à trente-six enfants du même père. Les malades, au milieu desquels nous nous trouvions, n'étaient pas tous de la ville ; beaucoup d'entre eux venaient du Liban, Druses, Maronites, de la montagne, déguenillés en haillons, des types les plus primitifs et les moins avenants ; moines grecs et même latins, la barbe et les cheveux longs et incultes, de l'extérieur le plus négligé, pour ne pas dire le plus malpropre et le plus répugnant.

Comme contraste, arrêtons-nous, dans le jardin, devant un arbre magnifique et d'un aspect ravissant; c'est un *Ibiscus mutabilis*, de la famille des malvacées; son beau feuillage est émaillé d'un délicieux mélange de roses largement épanouies, les unes du rose le plus vif et le plus tendre, les autres de la blancheur la plus fraîche et la plus pure. Ces admirables fleurs, roses d'abord pendant un jour, leur premier jour, deviennent, le lendemain, d'une blancheur virginale ; réunies sur le même arbre, avec ces deux couleurs si suaves et si gracieuses, elles sont d'un charme inexprimable. Quelle idéale beauté dans cet arbre, à côté de ces laideurs humaines !

Non loin, mais plus haut que ce dispensaire, se trouve le Patriarcat grec catholique; notre parent, M. Blery, nous avait donné une lettre pour le directeur, M. l'abbé Malloux; nous y fûmes accueillis de la manière la plus empressée, et le lendemain notre visite nous était rendue, à notre hôtel, par trois personnages ressemblant aux trois *Anabaptistes*, ou à trois juges montant à leur tribunal : toque noire, ronde, haute et évasée, longue robe noire descendant jusqu'aux pieds, et à larges manches; c'étaient le Directeur du Patriarcat, avec deux prêtres grecs, venant nous inviter à déjeuner pour un des jours suivants; nous acceptâmes cette aimable invitation.

Le Patriarcat grec catholique est situé tout au

sommet, et à la pointe occidentale de la colline, dont la ville de Beyrouth occupe le versant septentrional ; on y arrive par une rue escarpée, à l'extrémité de laquelle il faut encore gravir un escalier. Suivant l'usage de l'Orient, on nous offrit tout d'abord du café, de la limonade, des cigarettes ; puis nous passâmes dans la salle à manger, où était dressée une table d'une douzaine de couverts. Avant de s'y asseoir, M. l'abbé Malloux prononça les paroles du *Benedicite,* auxquelles répondirent les convives, professeurs, prêtres et laïcs du Patriarcat. Le déjeuner fut exquis, arrosé par des vins de Syrie, du bouquet le plus fin, animé, égayé par la conversation la plus intéressante. M. l'abbé Malloux, qui nous faisait un si excellent accueil, est un homme modeste autant que distingné, supérieur d'un nombreux pensionnat de jeunes gens grecs catholiques, qu'il voulut bien nous faire visiter dans tous ses détails ; des dortoirs, des salles d'étude, autant que du jardin, tout embaumé des plantes aromatiques les plus rares, les yeux s'étendent de tous côtés sur des horizons d'une merveilleuse beauté.

Au sortir du Patriarcat, un des professeurs nous procura le plaisir de visiter le palais d'un prince russe, une de ces demeures princières, d'un luxe oriental et asiatique, dont nos habitations parisiennes ne peuvent nous donner aucune idée. Les voûtes des salons ont pour appui des colonnes de marbres précieux ; les murs et les parquets sont tapissés des plus somptueuses étoffes de l'Inde ; la température est rafraîchie par des jets d'eau qui retombent, de cascade en cascade, dans des vasques d'albâtre et de porphyre, et la lumière ne pénètre au milieu de toutes ces splendeurs et n'éclaire tous ces bronzes, tous ces meubles d'art, toutes ces richesses, qu'après s'être adoucie et comme poétisée, en traversant des verrières persanes, des teintes les plus harmonieuses et du plus admirable coloris.

Tout à fait à l'est du sommet de la colline, les regards sont attirés par un monument de style moyen âge, imposant parallélogramme couvert d'une plate-forme, ou terrasse, autour de laquelle court une élégante dentelure de créneaux, interrompue de place en place par de petites flèches aiguës, analogues à celles qui s'élèvent sur les arcs-boutants de nos cathédrales. C'est le pensionnat des Religieuses de Nazareth, la merveille architecturale de Beyrouth. Nous y fûmes reçus par la Supérieure, Française et Bretonne; nous visitâmes, sous sa conduite, toutes les parties, tous les détails de ce bel établissement: la chapelle, les longues et gracieuses galeries en colonnades, les dortoirs, les salles d'étude, où nous reconnûmes, parmi ses jeunes compagnes, la fille du consul de France à Lataquié, que nous avions vue, les jours précédents, avec son père, à notre hôtel. De la vaste toiture en terrasse, on domine un immense et incomparable horizon; de cette hauteur on plane sur la ville entière, sur sa *grande place des Canons,* sur ses jardins, sur ses palais, sur ses rues, magnifique ensemble, splendide tableau, qui s'incline en pente

douce et descend jusqu'à la mer ; on embrasse dans
la même perspective la Méditerranée, la chaîne du
Liban, la promenade des Pins, la campagne, les
champs de mûriers, de figuiers, d'oliviers, de lauriers-
roses, éblouissant panorama en présence duquel on
reste ébahi d'admiration ; sa beauté, sa variété, son
étendue, son caractère grandiose, défient toute description, sous un ciel d'azur et dans une atmosphère
lumineuse et translucide, où les yeux se promènent,
s'égarent, se perdent à l'infini dans le charme d'une
indicible contemplation.

Sur le versant méridional de la colline de Beyrouth,
s'étend la promenade des Pins, traversée par la
grande route de Damas, qui descend de la ville entre
deux haies de bambous, de lianes, de cactus, de gigantesques roseaux, et au delà du torrent, au fond
de la vallée, gravit les premières pentes du Liban.
C'est le bois de Boulogne de Beyrouth, le rendez-vous,
le soir, des promeneurs à pied, à cheval, en voiture.
Des deux côtés de cette route, on pénètre sous des
massifs de pins en parasol, pins d'Italie (*pinus hale-
bensis*); leurs branches entre-croisées forment un
dôme de feuillage, une voûte de verdure, impéné-
trable aux rayons du soleil ; on y trouve une ombre
bienfaisante, des cafés, des buvettes, des kiosques
où l'on vous sert d'agréables et rafraîchissantes bois-
sons. Quand on a franchi le torrent, sur un beau pont
de pierre, on arrive au palais du Pacha gouverneur de
Beyrouth : son parc, luxueusement entretenu, dont
l'entrée nous fut offerte, est entouré d'une petite

rivière à eau courante, qui baigne d'épais et ver-
droyants ombrages.

Tels sont, aussi fidèles que nous avons pu les conserver et les écrire, quelques-uns de nos souvenirs de
Beyrouth. Cette ville, si riche, si admirablement
située, a cependant, comme toutes les choses humaines, son *tendon d'Achille*, son défaut de cuirasse :
c'est sa température, et ce sont ses moustiques. Sa
température est brûlante, aussi chaude la nuit que le
jour; au Caire, à Jérusalem, la fraîcheur des soirées
et des nuits était, après les ardeurs du jour, comme
un baume salutaire; à Beyrouth, au bord de la mer,
les quatre grandes fenêtres de notre chambre à coucher, largement ouvertes toute la nuit, ne donnaient
passage à aucune brise rafraîchissante; la nuit comme
le jour, au lit comme à table, nous étions dans un
bain permanent, mouillés, trempés d'une transpiration énervante. Quant aux moustiques, ils étaient
peut-être encore plus rusés que ceux de Jérusalem,
pour nous atteindre en dépit des moustiquaires, et
plus féroces dans leurs cuisantes piqûres, et leurs
insupportables *bourdonnements* et *berdassements*.

Nous passâmes sept jours à Beyrouth, trois jours
avant de partir pour Damas, et quatre jours après en
être revenus.

LE LIBAN — BALBECK

# LE LIBAN — BALBECK

Nous avions été trop satisfaits de la compagnie
Cook, pour ne pas nous enrôler encore sous ses
drapeaux, quand il s'agissait de pénétrer plus avant
dans la Syrie, de franchir le Liban et l'Anti-Liban, et
d'aller à Balbeck et à Damas. L'agence Cook de
Beyrouth reçut donc notre visite, et d'un commun
accord il fut convenu que ce voyage serait de neuf
jours, que, partis de Beyrouth le vendredi 19 octobre,
à 4 heures du matin, nous y serions de retour,
toujours sous la conduite de Joseph, le samedi
27 octobre, à 6 heures du soir.

Donc, le vendredi 19 otcobre, à 3 heures et
demie du matin, une voiture de Cook nous prenait
à l'hôtel et nous emmenait, en pleine obscurité, sur
la place des Canons, où nous nous installions, ma
chère Pauline et moi, dans le coupé d'une grosse
diligence attelée de deux mulets et de quatre chevaux; Joseph grimpait sur l'impériale, et nous par-
tions!... Nous descendions la grande avenue de la
promenade des Pins, et à peine au bas de la vallée,
nous commencions à gravir le Liban. Il nous fallut
cinq heures, d'une montée laborieuse, pour atteindre
le col de cette fameuse chaîne du Liban ; nature

abrupte, sauvage, grandiose, terrains dénudés, jaunes et rougeâtres ; paysages sévères, arides, souvent aussi, plantés de vignes et d'oliviers ; parfois, des échappées de vue sur des glaciers, sur des cimes neigeuses, et, à l'horizon, sur la Méditerranée ; la descente, rapide, se fit en une heure, au grand trot de notre attelage, et à 11 heures nous nous arrêtions dans la plaine de la *Bekâa*, à *Chtora*, petit village, où nous fîmes un modeste déjeuner. La diligence continua sa route vers Damas, et nous, dans une voiture particulière, en suivant la vallée de la Bekaa, nous prîmes le chemin de Balbeck.

La vallée de la Békaa est limitée, à l'ouest, par la chaîne *du Liban*, et à l'est par la chaîne de l'*Anti-Liban*, parallèles l'une à l'autre ; sa largeur est d'une lieue environ ; elle est très fertile, mais sans arbres ; elle produit surtout d'énormes raisins, dont les grains, olivaires, ont une délicieuse saveur. Ces succulents raisins mûrissent en se balançant, appendus et flottant en liberté, dans la concavité, ou arc de cercle, que forment les pieds de vignes, tenus infléchis, et dont les courbures soutenues par des étais représentent autant de petites voûtes. Des tentes blanches, dressées de place en place, servent de logement aux gardiens de ces vignes. Nous traversons aussi des champs en friche, où paissent des troupeaux de chèvres noires, et de moutons noirs, dont les pasteurs jouent des airs champêtres sur leurs musettes.

A 5 heures nous arrivons à *Balbeck*, village situé entre le Liban et l'Anti-Liban, au pied de l'Anti-

Liban, à l'extrémité de la vallée de la Békaa. Qu'était autrefois Balbeck? — c'était une petite ville de 4 à 5,000 âmes, appelée aussi *Héliopolis*. Ce n'est plus maintenant qu'un village de 3 à 400 habitants. — Comment se fait-il que dans cette petite ville, d'une importance secondaire, on ait élevé de si prodigieuses constructions? A quelle époque remontent ces constructions? — Évidemment à la grande époque phénicienne, c'est-à-dire de deux mille ans à quinze cents ans avant J.-C. Mais la perfection admirable, la richesse inouïe des détails artistiques indiquent aussi qu'elles ont été continuées et achevées au grand siècle de Périclès, cinq cents ans avant J.-C., et même plus tard, sous la domination romaine.

Quoi qu'il en soit, ce petit village de Balbeck possède les plus belles, les plus spendides ruines du monde. Celles de Palmyre, dit-on, sont plus considérables encore; mais celles de Balbeck sont plus extraordinaires, au point de vue de la perfection artistique. Il y avait donc à Balbeck trois temples; les deux plus importants étaient le temple de Jupiter, ou Grand-Temple, et le temple du Soleil, ou petit temple; l'empereur Constantin transforma le premier en église chrétienne. Mais des tremblements de terre et des dévastations musulmanes dégradèrent, renversèrent ces merveilleux édifices, dont les ruines excitent encore, au plus haut degré, l'étonnement et l'admiration.

De nos fenêtres, à l'hôtel de *Palmyre*, nous voyons se profiler majestueusement de hautes et magnifiques

colonnes, surmontées de leurs chapiteaux corinthiens
et de leur entablement. Mais comme il était trop tard
pour les aborder, Joseph nous conduisit, en dehors
et tout près du village, à une des carrières d'où elles
avaient été extraites. Dans une vaste et profonde exca-
vation, creusée dans les entrailles d'une montagne rocheuse, nous vîmes une pierre séparée du rocher,
isolée, taillée à l'époque phénicienne, deux mille ans
avant Jésus-Christ, toute prête à être enlevée, trans-
portée sur les chantiers, et mise en œuvre ; nous con-
templâmes cette pierre avec stupéfaction ; nous grim-
pâmes dessus, nous nous promenâmes sur sa superficie,
que nous mesurâmes ; or elle avait 21$^m$,45 centimètres
de longueur, 12$^m$,50 centimètres de largeur et 12$^m$,50
centimètres d'épaisseur ; elle était destinée à faire
partie des murs du temple de Jupiter ; et le lendemain,
en effet, nous vîmes des pierres semblables, et d'une
aussi monstrueuse dimension, placées à une hauteur
de 10 à 20 mètres, dans les murailles de ce temple.
Quels étaient donc ces hommes, ces géants, capables
de remuer, de traîner à une demi-lieue de distance,
et d'élever en l'air, des masses si prodigieuses, d'un
poids si extraordinaire, si incalculable ? de quels
moyens, de quels engins, de quelles machines, de
quelle puissance surhumaine disposaient-ils ? l'imagi-
nation en reste confondue. Aujourd'hui, nous disait-
on, pour mouvoir cette pierre, la force de six mille
chevaux ne suffirait pas.

La journée du samedi 20 fut entièrement consacrée
à la visite des ruines ; elles sont entourées de petits

ruisseaux d'eau courante, et de plantations; toute la matinée se passa à les étudier extérieurement, dans tout le pourtour de leur immense périmètre. L'après-midi, moyennant 20 francs, leur porte de clôture nous fut ouverte, et nous pénétrâmes dans leur enceinte; nous eûmes d'abord à parcourir, dans toute leur étendue, des souterrains phéniciens, dont les parois et les voûtes, en pierres énormes, défient les siècles et les ravages du temps; ces galeries cyclopéennes, à peine éclairées, presque obscures, sont d'une longueur, d'une largeur, d'une élévation, que nous osons qualifier de monumentales. Elles nous amènent sur le terre-plein des temples.

N'essayons pas de décrire; il y a des choses si prodigieuses, si colossales, et en même temps d'une délicatesse, d'une perfection de détails si merveilleuses, qu'à leur aspect on reste muet, stupéfait, ébahi, à force d'admiration. On se sent écrasé par une grandeur qu'on n'avait jamais soupçonnée, ébloui, fasciné par une puissance de génie et de conception dont on n'avait aucune idée, qui dépasse tout ce qu'on avait pu rêver. Nous marchons sur des monceaux, sur des entassements, sur des monticules de débris, sur des blocs de granit, sur des pierres gigantesques, taillées, sculptées, ornementées avec un art infini; tout autour de nous, à droite et à gauche, et dans le lointain, s'élèvent des groupes d'admirables colonnes corinthiennes, avec leurs chapiteaux et leurs cannelures, d'une conservation parfaite; on les dirait dressées, travaillées, ciselées d'hier; d'autres colonnes sont tombées, couchées, intactes, dans toute leur magnifique longueur, ou renversées et brisées les unes sur les autres; la plupart sont du granit le plus dur, quelques-unes du prophyre rose le plus poli. Nous pénétrons dans l'intérieur des temples, effondrés, plus qu'à moitié ruinés, mais dont les murs sont encore embellis, animés et vivants, de statues, de figures humaines, de torsades d'animaux, de guirlandes de fleurs et de feuillage, qui serpentent et s'enroulent avec une grâce, une richesse inépuisables, autour des portes, des frises et de toutes les saillies ou cavités architecturales. Nous parcourons des galeries dont les colonnes soutiennent encore les plafonds; quelques fragments détachés, et à terre, nous étonnent par leur épaisseur, leurs masses énormes, et l'art merveilleux qui a fouillé, historié leurs vastes surfaces, et en a fait comme une dentelle et une guipure. Les piliers de la basilique de Constantin ont encore leurs nervures et leurs arceaux. Nous restons plusieurs heures au milieu de ce passé fantastique, dont le souvenir nous semble maintenant à peine croyable, et presque un rêve des mille et une nuits. Oui, est-il bien vrai que nous avons vu toutes ces choses? que nous nous sommes assis sur ces ruines? que nous nous sommes promenés sous ces portiques? que nous avons contemplé toutes ces merveilles des temps anciens, en Syrie, dans le Liban, si loin de nos habitudes et de notre vie médicale de tous les jours?

Le dimanche 21, nous assistons à la messe, dans l'église catholique grecque du village; tout y est original, bizarre, et nouveau pour nous. Les femmes sont isolées, parquées dans le bas de l'église, derrière un grillage de bois à travers lequel on peut les apercevoir ; elles sont vêtues de longues tuniques et de larges et bouffantes étoffes relevées sur la tête. Les hommes ont les costumes les plus variés de formes et de couleurs ; hommes, femmes et enfants sont, pour la plupart, tatoués ; leur front, leur visage, le pourtour de la bouche, le cou, les bras et jusqu'à la face dorsale des mains, tout est enluminé, gravé, incrusté de figures, de dessins rouges, jaunes ou noirs ; c'est d'un effet étrange, exotique, et quelque peu sauvage. On pourrait se croire dans une église grecque schismatique, tant les cérémonies rappellent le culte orthodoxe. Le prêtre officiant ressemble à un *Pope ;* il a, comme le Pope, pour coiffure une toque à haute forme, ronde, évasée ; en guise de chasuble, un grand manteau de velours arrondi, avec une petite croix centrale ; il fait, comme le Pope, des saluts profonds, et plusieurs fois répétés, le corps en deux, la tête au niveau des genoux ; l'autel est presque invisible au fond du sanctuaire, derrière une cloison qui ressemble à un *Iconostase ;* la communion se donne, comme en Russie, sous les deux espèces en même temps, au moyen d'une petite cuillère ; les hommes et les femmes communient debout, mais séparément, les hommes après la consécration, les femmes après la messe finie, quand l'office est terminé. Un chantre, en habits civils, un livre à la main, débite une psalmodie arabe avec une étourdissante et vertigineuse rapidité ;

c'est un flux, un torrent, un débordement de paroles, d'un diapason endormant, monotone, toujours le même, mots inarticulés, inintelligibles, tant ils sont confus et précipités, un tic-tac de moulin, un roulement de crécelle, mais rien qui ressemble à une prière.

L'après-midi, le même prêtre, que nous avions visité, à son presbytère, nous accompagne, sous de belles allées d'arbres, jusqu'à une source abondante qui émerge et bouillonne, à une demi-lieue de la ville, au milieu d'un grand bassin; il ne parle ni ne comprend le français; notre conversation ne peut se faire que par l'intermédiaire de Joseph; c'est ainsi que nous apprenons que Balbeck est un siège épiscopal, et que l'évêque, actuellement en tournée pastorale, parcourt l'Anti-Liban.

# DAMAS

L'ANTI-LIBAN
LE RETOUR DU GRAND PÈLERINAGE
DE LA MECQUE

# DAMAS

## L'ANTI-LIBAN
## LE RETOUR DU GRAND PÈLERINAGE
## DE LA MECQUE


Le 22, à 6 heures du matin, nous étions en voiture
pour regagner Chtora, où nous reprenions, à 11 heures,
la diligence de Damas, qui nous avait amenés trois jours
auparavant. Après avoir, pour aller à Balbeck, parcouru dans sa longueur la plaine de la Békaa, nous
la traversons maintenant dans toute sa largeur, du
Liban à l'Anti-Liban. Cette traversée, au grand trot
de notre excellent attelage de chevaux et de mulets,
dura une heure environ, et vers midi nous commencions à gravir la chaîne de l'Anti-Liban. La route de
Beyrouth à Damas, à travers le Liban et l'Anti-Liban,
construite par une compagnie française, après l'expédition de 1860, motivée par le massacre des Maronites, est établie dans les meilleures conditions, et
triomphe, aussi heureusement que possible, des difficultés que présente une série de rochers abrupts et de
montagnes escarpées. De midi à 5 heures, ce fut pour

nos yeux un saisissant défilé, une succession conti-
nuelle et toujours variée de ces grandes et imposantes
scènes de la nature, toujours si émouvantes à contempler : gorges profondes et sauvages entre des
rochers inaccessibles ; ravins, précipices béants ;
aspect terrifiant de descentes et de montées, au milieu
d'un véritable chaos ; surfaces arides et désolées,
brûlées par le soleil ; pyramides, sommités rocheuses,
autour desquelles serpentent hardiment les lacets
d'une route où l'on rencontre, de loin en loin, de
longues files de chameaux, des convois d'ânes et de
mulets, et des Bédouins à cheval, armés de fusils, de
pistolets et de poignards, enfants du désert et de la
montagne, race nomade, batailleuse, insoumise,
musulmans fanatiques et, quand l'occasion est bonne,
voleurs, brigands et assassins.

Nous atteignons enfin la dernière cime, et de là, de
ce point culminant, quelle perspective ! quel tableau
merveilleux et enchanteur ! Entourée d'un océan
d'arbres et de verdure, voici Damas, *la perle de l'Orient,
le reflet du Paradis*, comme l'appellent les Arabes.
Voici cette grande ville de 250,000 âmes, avec ses
minarets, ses coupoles, ses bois, ses vergers et ses
jardins, s'étendant à l'infini dans cette plaine de la
*Ghouta*, qu'arrosent le *Barada* et tous les ruisseaux descendus de l'Anti-Liban ! au sortir des plaines et des
montagnes nues, rocailleuses, sans arbres et sans
végétation de la Palestine et de la Syrie, ce panorama
de Damas, si verdoyant, si plantureux, qui se déve-
loppe tout à coup, offre un imprévu et saisissant con-

traste ; de déserts torrides, desséchés et sans eau, on
se trouve transporté, comme par enchantement,
dans une *terre promise* où croissent, en nombre incalculable, arrosés par une multitude de ruisseaux
d'eaux vives, les arbres fruitiers les plus justement
célèbres, tant par leurs magnifiques développements,
que par la saveur exquise de leurs fruits ; les pommiers,
les grenadiers, les noyers, les abricotiers surtout,
jouissent, sous ce rapport, de la renommée la mieux
méritée. Les yeux, qui n'étaient plus habitués qu'à
l'aspect attristant de campagnes brûlées, dénudées,
arides, et d'un jaune rougeâtre, se reposent avec un
charme indicible sur de vertes prairies, sur des vergers,
sur de délicieux bosquets. Pendant une heure, avant
d'arriver à Damas, nous roulons sous les frais ombrages,
d'une nature exubérante, dont nous avions presque
perdu tout souvenir. Nous descendons à l'hôtel *Victo-*
*ria*, au bord du Barada, en dehors de la ville, en face
d'un des nombreux jardins publics disséminés dans
tout son pourtour, et qui lui font comme une ceinture et une couronne d'ombre, de fleurs et de feuillage.

Si la vue extérieure et générale de Damas et du
paysage qui l'encadre offre un tel attrait, tout ce que
l'on trouve à l'intérieur n'est pas d'un moindre intérêt.
Damas, la plus grande ville de la Syrie, avec la
Mecque et Médine, l'une des trois villes saintes de
l'islam, est par excellence *la ville orientale;* elle a
conservé intact et sans mélange son cachet original
et primitif, et tout son caractère arabe et oriental des
temps les plus anciens. Sa population est une des

plus compactes, des plus singulières et des plus bigarrées qu'on puisse imaginer ; elle se compose d'abord de plus de 200,000 musulmans fanatiques, des types les plus différents : Turcs, Druses, Arabes, Circassiens, Persans, Bédouins, Turcomans, nègres du Soudan ; puis de 11,000 chrétiens, maronites, grecs et latins, et de 6 ou 7,000 juifs.

Voyez-vous, tout de suite, cette diversité de costumes, de physionomies, d'habitudes, de langage ? Voyez-vous, dans ces rues généralement étroites, toute cette foule houleuse et disparate ? Ces Turcs au fez rouge, à la large culotte tombante et flottante ? ces Arabes aux burnous blancs, aux turbans jaunes, rouges ou noirs ? ces Bédouins à l'air farouche et sauvage, armés d'une lance, d'un fusil en bandoulière, au turban blanc sur la tête, un épais burnous de couleur sur les épaules ? ces Circassiens et ces Persans, à la figure fine et rusée, à la toque noire d'astrakan, haute et pointue, un cimeterre au côté, et la ceinture bardée de pistolets et de poignards ? ces nègres, la tête nue, les cheveux crépus, le teint noir d'ébène, les dents blanches comme de la nacre de perle, les lèvres et les narines épaisses, les jambes et les pieds nus, le corps à peine couvert d'une chemise blanche en loques ? ces Juifs à la longue et malpropre lévite, le regard oblique et cupide, la figure encadrée de deux mèches de cheveux descendant et collées sur les joues ? Voyez-vous toutes ces femmes masquées ? leurs yeux noirs apparaissent seuls, dans la fissure du voile noir ou blanc, ou à ramages jaunes sur fond brun, qui cache leur figure. Les unes sont, des pieds à la tête, enveloppées d'une percale ou d'une toile blanche, on dirait des fantômes, des apparitions fantastiques ; les autres, entièrement couvertes d'une draperie noire, ressemblent à des Religieuses ; d'autres ont pour vêtement d'amples étoffes, capuchons et tuniques de couleur jaune clair, rouge vif, ou vert pré, masses ridicules, épaisses, disgracieuses, et sans forme humaine ; d'autres encore, avec de longs et larges pendants d'oreilles, la poitrine nue et flottante, ont la figure découverte, mais tatouée, enluminée, historiée, comme une étoffe, ou comme un parchemin, des dessins les plus bizarres.

Et au milieu de cette tourbe mouvante, de cette mascarade agitée, se poussant, se heurtant, allant et venant, de ces marchands de toutes sortes, de ces vendeurs de bananes, de dattes et d'eau fraîche, voyez ces chameaux, en longue file, qui se frayent, aux cris des chameliers perchés sur leurs dos, un difficile passage ; voyez tous ces ânes ; ils ne sont ni coquets ni trotteurs, comme ceux d'Alexandrie et du Caire ; ils galopent encore moins, la foule les en empêche ; les uns, au milieu de cette cohue, la tête basse, s'avancent en troupes, chargés de colis ; les autres sont de modestes et robustes montures, sur lesquelles deux et quelquefois trois personnes, homme, femme et enfant, toute une famille, se tiennent à califourchon. Voyez encore, pour compléter le tableau de cette indescriptible mêlée, de cette incroyable circulation, voyez sur le devant de ces maisons, de ces boutiques, tous ces Turcs, en longues rangées, assis les jambes croisées, accroupis, silencieux, graves, impassibles, immobiles, dans tout ce bruit, dans tout ce mouvement, et fumant imperturtablement leurs narghilés.

Que dire des rues, la plupart étroites, ruelles, *ruellottes*, bordées de maisons basses, à un seul étage s'avançant au-dessus du rez-de-chaussée, surplombant et rétrécissant encore la rue, et lui faisant une sorte de toiture? Que dire surtout des bazars? immenses galeries, aux voûtes de verre, s'étendant, se croisant à perte de vue, dans tous les sens; d'incalculables richesses sont accumulées dans les boutiques qui s'ouvrent sur leurs côtés, et dans toute leur longueur. Toutes les industries, tous les produits, tous les trésors de l'Orient y sont étalés, charme pour les yeux, mais convoitise, tentation dangereuses pour la bourse, et trop souvent irrésistibles. Soieries, broderies, bijoux d'or et d'argent, étoffes précieuses de Damas, de l'Inde et de la Perse, tapis, armures, coiffures, chaussures, quelle multitude, quel entassement de curiosités, d'objets de toilette, de table, de vases de toute espèce, de toute forme, séduisants souvenirs de voyage! L'animation, le mouvement des rues se retrouvent dans les bazars, on y voit circuler des voitures, des chevaux, des ânes, des mulets, des bandes de chameaux. Des hommes, à peine vêtus, pieds et jambes nus, vont et viennent, arrosant le sol avec de l'eau contenue dans des outres de peaux de chèvres ou de moutons suspendues à leur cou, et semblables en tout point aux animaux dépouillés.

Le quartier des Juifs nous ménageait de belles sur-prises : dans une rue, dont le pauvre aspect est sans doute aujourd'hui le même qu'il y a deux mille ans, nous visitons trois habitations ; leur extérieur de mesquine apparence ne nous préparait pas à leur splendeur intérieure. Quel étonnement donc, lorsque la petite porte d'entrée franchie, nous nous trouvons, comme à Cordoue, à Grenade et à Séville, dans de vastes *patios*, rafraîchis par des eaux jaillissantes et par de frais om-brages ! et quelle stupéfaction quand, de ces *patios* comme de vestibules princiers, s'ouvrent devant nous d'immenses et merveilleux salons, de la richesse la plus éblouissante ! Leur ameublement est d'un luxe royal, des lustres vénitiens les éclairent, et leurs murs, du haut en bas, sont revêtus des marbres les plus artis-tiques, sculptés à Florence. C'est ainsi que se logent les *Rothschild* et les *Péreire* de Damas. Il paraît que plusieurs musulmans opulents ont des maisons non moins somptueuses.

Les rues ne sont pas toutes des ruelles, ou des *ruel-lottes;* il y en a plusieurs assez larges pour les voitu-res ; on y voit de nombreux cafés, où des groupes de gros et gras musulmans savourent, dans le calme im-perturbable de leur indolente oisiveté, les lentes aspi-rations et la fumée de leur éternel narghilé.

Aussitôt arrivés à Damas, nous nous sommes rendus chez notre Consul, auquel M. Ledoulx, de Jérusalem, avait bien voulu nous recommander. Nous trouvâmes en **M.** Guillois le plus cordial empressement à nous être agréable ; dès le lendemain, nous recevions à notre hôtel son aimable visite, une gracieuse invitation, et l'offre d'avoir à notre disposition un des *Kawas* du consulat pour nous guider et nous protéger, dans une ville où le fanatisme mahométan fait trop souvent sentir aux chrétiens sa haine implacable. C'est un bonheur tout patriotique, en terre étrangère, de voir son pays si noblement représenté; et quand ceux qui le personnifient avec tant de distinction savent allier, comme à Jérusalem et à Damas, le charme des manières et toutes les délicatesses du cœur et du sentiment à l'élévation et à la dignité du caractère, il semble que c'est de la patrie elle-même que l'on reçoit un accueil dont le souvenir est une des plus belles pages du voyage.

Damas a plus de 150 mosquées; la plus importante est connue sous le nom de *grande mosquée;* on donne 20 francs pour y entrer : elle occupe la place d'une ancienne basilique chrétienne du v° siècle, consacrée à saint Jean-Baptiste. Au viii° siècle, les musulmans, tout en conservant sa forme primitive à cette vénérable basilique, qui possédait dans un précieux reliquaire la tête de saint Jean, la transformèrent en une immense et magnifique mosquée. Nous la visitâmes dans tous ses détails, et malgré la présence d'un Kawa du consulat français marchant devant nous, nous y fûmes suivis et insultés par une douzaine de musulmans, dont l'attitude était menaçante. Cette mosquée a trois nefs, 131 mètres de longueur et 38 mètres de largeur; elle est richement décorée de belles verrières coloriées, de carreaux de faïence de Perse émaillés, de marbres antiques, de lambris et de plafonds en bois

de cèdre, incrustés de nacre de perle ; elle est surmontée d'une coupole et d'un minaret très élevé, et
sa façade principale se déploie, dans toute son imposante étendue, en bordure d'une vaste cour quadrilatère, dallée de marbre.

Au Caire, on s'en souvient, nous avions eu la chance
de voir une fête musulmane ; à Damas nous eûmes
la même bonne fortune; par une heureuse et fortuite
coïncidence, nous allions assister au retour des Pèlerins de la Mecque. Ce retour est, pour la ville de Damas, l'occasion de la plus pompeuse manifestation ;
c'est une réception triomphale, une splendide procession, un déploiement de toutes les forces militaires ;
toute l'armée, toutes les autorités civiles et religieuses,
les Derviches, les Ulémas, les plus hauts fonctionnai-
res, les Pachas, se portent, dans leur appareil le plus
solennel, au-devant de ces Pèlerins fanatiques, qui,
pour vénérer la mémoire et le tombeau du Prophète,
ont fait 52 jours de marche, tant pour aller de Damas
à Médine et à la Mecque que pour en revenir! Ils ont
traversé des déserts, des contrées brûlantes, affronté
une chaleur torride, tous les genres de fatigues, de
périls, de privations, de maladies; et quand ils ont
accompli ce pèlerinage que tout bon musulman doit
faire une fois dans sa vie, ce sont des héros, des *Saints*,
que l'on accueille avec des transports de joie, de respect et d'admiration.

Dès 7 heures du matin, nous étions en voiture, un
kawas du Consulat sur le siège; nous entrons dans le
grand et large faubourg de Méïdan, que nous suivons

jusqu'à la porte de la ville ; il est bordé de maisons basses, en terrasses et en plates-formes. Là, commença pour nous un spectacle inouï, extraordinaire, et que nous n'oublierons jamais. Dans toute la longueur, et des deux côtés de ce faubourg, à toutes les fenêtres, sur tous les toits, sur toutes les devantures des maisons, était condensée, assise, debout, perchée, dans toutes les postures, une foule de plus de deux cent mille âmes ; foule vraiment fantastique, en habits, en toilette de gala ; femmes voilées et masquées, blanches, roses, jaunes, vertes, rouges, de toutes les couleurs ; Persans, Circassiens, avec leurs bonnets pointus d'astrakan, leurs poignards, leurs pistolets à la ceinture ; Druses, Bédouins, avec leurs turbans d'une blancheur sans tache, leurs épais burnous, leur lance à la main, et leur cimeterre au côté. La chaussée était encombrée d'un va-et-vient sans pareil, disparate et inimaginable mélange des types les plus divers : brillants cavaliers turcs, déployant leurs grâces sur d'admirables chevaux arabes ; gros et énormes Pachas, tout chamarrés d'or et de décorations, montés sur des chevaux richement caparaçonnés, et accompagnés d'une escorte d'officiers, vêtus des uniformes les plus bizarres ; gens à pied, dans tous les costumes ; d'autres juchés sur des chameaux, hommes et femmes à cheval sur des ânes, et quelquefois trois personnes sur le même âne.

Notre voiture s'avançait lentement au milieu de cette incroyable bagarre, de ce pêle-mêle étourdissant ; elle se frayait un passage, grâce aux cris et aux gestes énergiques de notre kawas, qui, armé d'un fouet, cla-

quait, cinglait à droite et à gauche, hommes et bêtes.
A l'aspect de ce déploiement d'autorité et de ce grand
et magnifique kawas, portant sabre au côté et tout
galonné d'or des pieds à la tête, les soldats qui faisaient la haie me prenaient pour le Consul, et me pré-
sentaient les armes. Nous arrivâmes ainsi jusqu'à la
porte de la ville, où nous fûmes placés au premier rang.

Le canon ne tarda pas à tonner à coups redoublés;
des musiques militaires, des tambours, des fifres se
firent entendre, et le cortège parut. Plusieurs régi-
ments de cavalerie défilèrent devant nous; chevaux
arabes superbes, cavaliers d'une tenue parfaite; puis
tous les grands personnages, les dignitaires, l'état-
major, en avant duquel caracolait, sur un magnifique
cheval, un officier supérieur, portant sur son riche
uniforme et par-dessus toutes ses décorations, le grand
cordon de la Légion d'honneur. Je saluai respectueusement la plus haute distinction honorifique de la
France, et mon salut me fut rendu de la manière la
plus gracieuse.

Mais voici les Pèlerins : en tête de leur cortège,
marchent les chameaux qui ont fait le pèlerinage; ils
sont tout couverts de draperies d'or et d'argent, et tout
empanachés ; le premier est surmonté d'un splendide
baldaquin de velours vert et d'or, espèce de pyramide
qui renferme un précieux exemplaire du Koran. Sur
le second, plus somptueusement paré encore, est placé
dans un riche palanquin l'étendard sacré en velours
vert, qui est resté étendu toute l'année sur le tombeau
du Prophète, et que l'on rapporte en grande vénéra-

tion pour le conserver, comme une relique, dans la citadelle de Damas. Viennent ensuite les Pèlerins ; ils sont une centaine, la plupart à pied ; les éclopés, les malades, à dos de chameaux. A leur aspect, on eût dit qu'un courant électrique avait passé dans la foule ; on se précipite sur eux, on les embrasse, on baise leurs mains, leurs vêtements, on s'incline profondément pour les toucher, on les presse, on les serre dans les étreintes les plus vives, les plus passionnées ; c'est du délire, c'est de la frénésie ; ce sont des transports d'une exaltation religieuse dont nous n'avions aucune idée. Damas mérite bien d'être nommée *une des trois villes Saintes* de l'islamisme ; ses habitants sont, actuellement encore, d'un fanatisme qui couve sourdement, comme un feu redoutable sous la cendre, toujours prêt à faire explosion. En 1860, ils massacraient six mille chrétiens, dans l'intérieur même de la ville, et parmi ces victimes, trente Religieux franciscains, réfugiés dans leur église !

Dans les montagnes du Liban et de l'Anti-Liban, les Druses égorgeaient, en même temps, quatorze mille Maronites. Ces horribles scènes de carnage et de dévastation, auxquelles le gouvernement turc n'était pas étranger, ne furent apaisées que par le débarquement d'une armée française de six mille hommes, sous les ordres du général de Beaufort. Tandis que nous contemplions ce défilé des Pèlerins, suivi par une belle et nombreuse cavalerie, divers projectiles lancés contre nous dans notre voiture, en dépit de la présence du kawas, nous indiquaient assez que les dispositions

de cette population fanatique n'étaient pas beaucoup
meilleures pour les chrétiens en 1888 qu'en 1860.

Nous en avons dit assez sur l'aspect extérieur et intérieur de Damas, sur la manière d'être, sur les mœurs
de ses habitants, pour donner un aperçu aussi exact
que possible de cette grande ville. Nous avons tâché
de traduire, aussi fidèlement que nous l'avons pu, nos
observations et nos impressions, afin d'en crayonner
un tableau conforme en tout point à la scrupuleuse
vérité. Mais nous ne voulions pas seulement voir Damas dans son état actuel, nous tenions encore à y retrouver d'anciens et vénérables souvenirs bibliques et
évangéliques.

850 ans avant J.-C. il y avait, à Damas, un homme
puissant et riche, en grand crédit auprès de Bénadad,
roi de Syrie, c'était *Naaman*, général des armées du
Roi; il était lépreux; le prophète Élisée, disciple du
prophète Élie, le guérit de sa lèpre, et, d'après la tradition, la maison même qu'il habitait est aujourd'hui
un hôpital de lépreux. Nous avons visité cette antique
maison de Naaman devenue, pour consacrer le souvenir de sa guérison miraculeuse, une léprôserie. Nous
y avons vu une douzaine de malheureuses femmes,
défigurées par cette horrible maladie : le visage mons-
trueusement difforme, le front, les paupières, le nez,
les lèvres, les joues, d'un développement énorme,
d'une épaisseur hideuse, d'une teinte violacée et sa-
nieuse repoussante. Telle est la lèpre tuberculeuse,
hypertrophique et ulcéreuse, affection chronique, à
marche lente, progressive, infectieuse, constitution-

nelle, désorganisant l'économie, incurable et mortelle.
Tel était, sans doute, l'état de Naaman, quand Élisée le
guérit, en lui ordonnant de se plonger sept fois dans les
eaux du Jourdain : « Lorsqu'il sortit du fleuve, dit
l'Écriture, sa chair était aussi saine que la chair d'un
petit enfant. »

Un autre souvenir plus précieux encore que celui
du prophète Élisée et de Naaman s'éveillait en nous à
Damas : le chemin par lequel nous y arrivions était
ce même *chemin de Damas*, si fameux dans l'histoire
de l'Église. Vers l'an 40 de J.-C., un homme appelé
*Saul*, né à Tarse, en Cilicie, élève du célèbre docteur
de la loi Gamaliel, le suivait, escorté de quelques cavaliers. C'était un ennemi acharné de Jésus-Christ, il
venait de Jérusalem, où il avait présidé au supplice
du diacre saint Étienne, le premier martyr, et, muni
des ordres du grand prêtre, il s'en allait à Damas pour
y persécuter les Chrétiens.

Comme il approchait de la ville, à l'heure de midi,
tout à coup, une lumière plus éclatante que le soleil
l'éblouit, le renverse à terre, lui et toute sa suite, et
il entend une voix qui lui dit : « Saul, Saul, pourquoi
me persécutez-vous? » — Effrayé et tout tremblant, il
répond : — « Qui êtes-vous, Seigneur, et que voulez-vous
que je fasse? » — Et le Seigneur lui dit : « Je suis Jésus
que vous persécutez; levez-vous, et entrez dans la
ville, on vous dira là ce que vous aurez à faire... »

Ceux qui l'accompagnaient étaient épouvantés; ils
voyaient la lumière, ils entendaient la voix, sans entendre les paroles, ni voir celui qui parlait.

Saul ne résiste pas à la vision céleste ; il se lève, les yeux aveuglés et perdus par l'éclat de la lumière, et conduit par ses compagnons, il entre dans la ville.

Il y avait à Damas un fidèle disciple de Jésus-Christ, nommé *Ananie ;* averti par le Seigneur, il se rendit dans la rue appelée la *rue Droite*, et entrant dans la maison où était Saul, il lui dit : « Saul, mon frère, le Seigneur Jésus qui vous est apparu sur le chemin m'a envoyé afin que vous recouvriez la vue, que vous receviez le baptême et que vous soyez rempli du Saint-Esprit. » — Et Saul invoqua le nom du Seigneur, recouvra la vue à l'imposition des mains d'Ananie, fut baptisé et devint l'Apôtre des Gentils, l'Apôtre des nations, l'apôtre saint Paul. Après avoir prêché la foi, avec un courage à toute épreuve et une éloquence admirable, à Damas même, en Asie Mineure, à Ephèse, dans les îles de l'archipel, en Grèce, à Corinthe, à Athènes, devant l'Aréopage et jusque dans Rome, il reçut dans la ville des Césars, avec l'apôtre saint Pierre, la couronne du martyre, sous l'empereur Néron, l'an 66 de Jésus-Christ.

Tel fut le miracle qui, d'un Juif fanatique, d'un Pharisien exalté, fit un Chrétien, un Apôtre, un martyr, d'un ardent persécuteur un défenseur plus ardent encore de la foi, et du plus cruel ennemi de Jésus-Christ le plus zélé prédicateur de son Évangile.

Or nous avons vu la *rue Droite ;* nous l'avons parcourue à diverses reprises ; elle a conservé son caractère ancien, et son nom d'autrefois. On l'appelle encore la *rue Droite*, comme le jour où Ananie vint y trouver celui auquel il allait rendre la vue et dont il allait faire le *Grand Apôtre*. La rue Droite est une des principales rues de Damas ; elle est longue et *droite*, comme son nom l'indique ; elle mène au quartier des Chrétiens, où nous avons visité la maison d'Ananie. En dehors de ce même quartier des Chrétiens, nous avons vu la muraille du haut de laquelle, pendant la nuit, les disciples descendirent saint Paul dans une corbeille, pour le soustraire à la persécution du roi Arétas et au fanatisme des Juifs, courroucés de l'avoir entendu prêcher, dans leurs synagogues, la divinité de Jésus-Christ.

Le couvent des Franciscains est contigu à la maison d'Ananie ; nous y sommes entrés. Dans l'église, au-dessus de l'autel, un tableau représente le miracle du chemin de Damas, et c'est sur les marches de cet autel que furent massacrés, en 1860, trente Religieux franciscains.

Damas est située à 690 mètres au-dessus du niveau de la Méditerranée ; il y fait moins chaud qu'à Beyrouth ; les nuits y sont assez fraîches pour qu'il soit imprudent d'y dormir les fenêtres ouvertes. Les quatre jours que nous y avons passés nous ont rafraîchis et reposés de nos transpirations profuses et incessantes, nocturnes et diurnes de Beyrouth. Notre hôtel *Victoria* était excellent, nous y mangions des raisins exquis ; de nos fenêtres, nous avions la vue récréative des quais du Barada, du jardin public de l'autre rive, un va-et-vient continuel de cavaliers, de voitures, d'ânes, de mulets, de chameaux, d'hommes et de femmes accoutrés de la façon la plus bizarre ; panorama fantastique, dont les yeux ne se lassaient pas, parce qu'il était toujours varié et toujours nouveau.

La colonie européenne est très peu nombreuse à Damas ; tout s'y présente sous des couleurs exotiques, sous des aspects étranges ; tout y respire, tout y exhale l'Orient, tout, jusqu'aux hurlements féroces, jusqu'aux aboiements aigus, furieux ou plaintifs de milliers de chiens qui, du soir au matin, du coucher au lever du soleil, remplissent l'atmosphère de leurs jappements, de leurs cris discordants ; concert infernal, satanique et bestial, qui horripile les oreilles, mais que cependant, au milieu des ténèbres, et dans nos moments d'insomnie, nous nous sommes pris quelquefois à écouter avec un certain plaisir ; c'était d'une couleur locale si effrayante et d'un pittoresque si original et si sauvage !

Nous étions arrivés à Damas le lundi 22 octobre, à six heures du soir ; nous en partons le samedi suivant, à quatre heures du matin, dans le coupé de la diligence. Nous franchissons la chaîne de l'Anti-Liban ; à 11 heures nous descendons dans la vallée de la Békaa, resserrée entre le Liban et l'Anti-Liban ; nous la traversons dans toute sa largeur, jusqu'à Chtora, où nous déjeunons ; à midi, nous gravissons le Liban ; à 4 heures, nous atteignons le dernier sommet, d'où un splendide panorama se déroule à nos yeux, tout le versant du Liban, toute la campagne, les villas, les bois de pins d'Italie, la ville de Beyrouth, ses palais, ses monastères, ses jardins, et la Méditerranée : immense et merveilleux tableau, dont nous ne saurions décrire le souvenir enchanteur.

A 6 heures, suivant nos conventions avec la compagnie Cook, nous étions de retour à notre *hôtel d'Orient*, sur le bord de la mer.

RETOUR

CHYPRE — RHODES — SMYRNE — CONSTANTINOPLE

BUDA-PESTH — STRASBOURG

# RETOUR
## CHYPRE — RHODES — SMYRNE
## CONSTANTINOPLE — BUDA-PESTH
## STRASBOURG

Notre beau voyage était fini; du 12 septembre au 27 octobre, nous avions parcouru la basse Égypte, la Palestine, la Syrie; nous avions visité Alexandrie, le Caire, le canal de Suez, Port-Saïd, Jaffa, Jérusalem, Bethléem, Nazareth, Samarie, Tibériade, Beyrouth, le Liban, l'Anti-Liban, Balbeck, Damas. Dans cette longue pérégrination à travers des régions si lointaines, d'une configuration extérieure, d'une nature, d'une organisation intérieure si différentes, aucun accident n'avait assombri notre horizon, dérangé nos calculs, retardé notre marche; Beyrouth était notre dernière étape, et nous y arrivions, avec une exactitude toute mathématique, au jour et à l'heure convenus et fixés d'avance. Impatient de regagner notre poste et de reprendre nos fonctions professionnelles, nous aurions voulu partir le jour même; mais nous étions bloqués par la mer; le paquebot ne devait paraître que quatre jours plus tard, nous étions donc forcés de l'attendre.

Deux routes s'ouvraient devant nous, pour le retour :

d'un côté, un paquebot russe nous ramenait à Caïffa, à Jaffa, à Port-Saïd, à Alexandrie ; d'où un paquebot français nous eût conduits à Marseille ; de l'autre, un paquebot autrichien nous menait, en 7 jours, à Constantinople, par Chypre, Rhodes, Smyrne, Lesbos, Ténédos, les Dardanelles : à Constantinople le chemin de fer, nouvellement inauguré, nous faisait traverser, à toute vapeur, la Roumanie, la Bulgarie, la Serbie, la Hongrie, l'Autriche, les provinces Rhénanes, et nous déposait à Strasbourg, d'où nous gagnions Paris. Ces deux voies, de direction opposée, étaient à peu près de la même longueur, elles nous prenaient à peu près le même temps ; nous étions venus par la première, nous préférâmes nous en aller par la seconde ; elle était, du reste, plus intéressante, et dans plusieurs de ses parties elle avait, pour nous, l'attrait de l'inconnu.

Le mercredi 31 octobre, à 9 heures du matin, nous étions à nos fenêtres de l'*hôtel d'Orient*, contemplant la mer, étendue à l'infini sous nos pieds ; aucun souffle n'agitait sa surface immense, de l'azur le plus délicieux ; le firmament n'était ni moins bleu, ni moins pur ; un soleil de juillet projetait ses rayons ardents sur cette grande scène d'une incomparable beauté ; une longue banderole de fumée nous apparaît au loin : c'est notre paquebot désiré ; c'est l'*Apollo*, du Lloyd autrichien, le même qui, l'année dernière, à notre retour de Brousse, nous avait conduits de Constantinople à Smyrne ; il arrive enfin... Une multitude de barques se détachent du rivage et voguent à sa rencontre ; elles font force de rames, on dirait des essaims, des troupes d'animaux aquatiques, lancés à la nage ; nous les voyons accoster, entourer le paquebot, qui a jeté l'ancre au large ; les unes lui apportent des marchandises, qui vont être mises à bord ; les autres en ramènent des colis et des voyageurs. Il en est ainsi de tous les paquebots qui stoppent aux Échelles, ou stations navales de l'Orient. Ils font le commerce des marchandises, les unes à débarquer, les autres à embarquer ; aussi pendant des heures, et quelquefois des journées entières, tandis qu'ils restent à l'ancre, les passagers doivent se résigner à subir ces retards, et à entendre, du matin au soir, et souvent du soir au matin, le roulement continuel des poulies du cabestan qui tantôt saisit les colis à fond de cale, les enlève, les balance au-dessus du pont, tourne, pivote sur lui-même, pour les descendre dans les barques, et tantôt, les enlève des barques, les hisse à la hauteur et au-dessus du paquebot, et les plonge dans ses cavités, dans ses vastes profondeurs, où ils sont empilés et emmagasinés.

A quatre heures seulement, l'agence Cook, dont nous nous étions faits encore les clients jusqu'à Constantinople, vient nous prendre à l'hôtel : un *batchich*, qu'elle donne à la douane, nous évite tout ennui ; nous montons en barque, et bientôt après nous gravissons l'échelle de l'*Apollo* ; nous reconnaissons notre lieutenant de l'année dernière ; quant au capitaine, ce n'est plus le même ; à neuf heures du soir seulement, par un temps splendide, par une mer unie comme une glace, et sous un ciel constellé, scintillant d'un flamboyant semis d'étoiles, le paquebot se met en marche; toute la colline sur laquelle est échelonnée la ville de Beyrouth, éclairée par les feux du soir, ressemble, de la base au sommet, à une gigantesque pyramide, étincelante de lumières; c'est un admirable décor.

Le lendemain matin, 1er novembre, c'est la Toussaint; nous sommes désolés d'être en route, un jour de si grande fête; la pensée des beaux offices de Notre-Dame-des-Victoires nous serre le cœur, mais le paquebot est une force majeure, à laquelle il faut obéir.

Nous sommes en pleine mer; le ciel et la mer sont du même bleu d'azur; quel charme, quelle teinte douce et suave pour les yeux! — A midi, on jette l'ancre devant *Larnaca*, ville maritime de l'*Ile de Chypre*. Depuis trois heures au moins, nous apercevions les côtes de cette île fameuse, la *Cypros*, des Anciens; le paquebot s'arrête à une demi-lieue au large de la ville; il doit rester là quatre heures environ; la chaleur est torride, de 35 degrés au moins; je prends une barque pour gagner la terre. L'aspect de l'île est misérable; c'est un sol plat et crayeux; une allée d'arbres bien maigres et de pauvre venue, Eucalyptus et Poivriers, va du rivage à la ville; je suis cette allée; j'aperçois le drapeau français flottant au-dessus d'un grand mât; je me dirige de ce côté, par de petites rues sans ombre, et je frappe à la porte du Consulat français. Au vu de ma carte, je suis immédiatement admis et reçu par le vicomte E. de Castillon Saint-Victor, Consul de France, qui m'accueille de la manière la plus ouverte et la plus affable. Un domestique apporta de la limonade et du café, et pendant 2 heures j'eus avec le Consul, qui voulut bien répondre de la meilleure grâce à toutes mes questions, la conversation la plus intéressante. M. de Castillon Saint-Victor est un homme des plus aimables et, en même temps, un savant, un archéologue des plus distingués.

L'île de Chypre, depuis 1878, appartient à l'Angleterre ; sa population qui, au xiii° siècle, sous le roi français Guy de Lusignan, et au xv° siècle, sous la reine Catherine Cornaro, Vénitienne, et héritière des Lusignan, était de trois millions d'habitants, n'est plus aujourd'hui que de 180,000 âmes; les Grecs et les musulmans sont en majorité; les catholiques sont peu nombreux ; il y a cependant, à une demi-lieue du consulat, une église catholique desservie par des Franciscains. Le climat de l'île est brûlant; son sol crayeux est peu fertile, cependant il produit, dans certaines régions, un excellent vin, le vin de Chypre.

Il ne reste plus rien des temples si célèbres consacrés à Vénus *Cypris*, dans les villes d'Amathonte, d'Idalie et de Paphos. Ces temples étaient en briques, de sorte qu'on n'en trouve aucun vestige artistique ; mais chacun de ces temples avait un ou plusieurs souterrains, où les prêtres enfouissaient et conservaient, à l'abri de toutes les convoitises, les objets d'art, de bronze, d'or, d'argent, les bijoux dont les gratifiait la piété des adorateurs de la déesse. Or, M. de Saint-Victor, par des fouilles ingénieusement pratiquées, a découvert ces souterrains; il y a trouvé une quantité considérable de vases précieux étrusques. de toutes les formes, de toutes les dimensions, ornés de dessins, de peintures, dans l'état de conservation le plus parfait. Plusieurs chambres du consulat en sont remplies; ces chambres nous furent ouvertes ; elles sont un véritable musée. En outre de ces beaux vases, dont quelques-uns ont une très grande valeur, nous y avons vu des bijoux très curieux, des épingles à tortiller les cheveux, des bracelets, des colliers à parfums, dont les breloques étaient autant d'élégantes petites cassolettes, percées de trous par lesquels se dégageaient de suaves odeurs; des bagues à poisons, dont les chatons renfermaient une substance vénéneuse avec laquelle, dans telle ou telle circonstance, on pouvait en finir soi-même et facilement avec la vie, ou en débarrasser, avec la même facilité, ceux dont l'existence était un ennui, une charge ou un obstacle. Quelques-uns de ces objets, d'un si grand intérêt au double point de vue de l'art, des mœurs et de l'histoire, sont la propriété personnelle du Consul; les autres appartiennent à la France, et leur place est au Louvre ; mais les Anglais veulent les retenir dans leur île et refusent d'en autoriser l'embarquement.

Je passai au consulat des moments trop courts et des plus agréables, regrettant que ma chère Pauline, en dépit d'une chaleur tropicale, ne m'y eût pas accompagné ; mais si agréables que fussent ces moments, je ne voulais pas que, l'heure du départ arrivée, le paquebot partît sans moi, et me laissât abandonné dans l'île ; je me hâtai donc de regagner ma petite barque, sous un soleil dévorant. De retour au paquebot, j'y appris que, pendant mon absence, le lieutenant avait tué, à coups de fusil, une grosse tortue de mer qui, hissée sur le pont, pesait cinquante-deux kilogrammes. Le lendemain, sa chair, d'une couleur noirâtre et d'une saveur fadasse, nous fut servie au dîner. A cinq heures du soir, le paquebot lève l'ancre.

Le 2 novembre, jour des Morts, navigation en pleine mer, sans arrêt ; nous apercevons très loin, à notre droite, les montagnes et les côtes de la *Caramanie*, province de l'Asie Mineure, faisant partie de l'Anatolie et de la Cappadoce des Anciens, dépendance actuelle de la Turquie.

Le 3 novembre, à une heure du matin, le paquebot stoppe devant *Rhodes*. Malheureusement l'obscurité est profonde, le phare seul est en vue. A six heures, le jour se lève, nous voyons alors se découvrir sous nos yeux cette ville si fameuse à toutes les époques de l'histoire ; les Anciens l'avaient appelée Rhodes, du mot grec *Rhodon*, à cause de l'abondance de ses roses ; c'était la patrie du célèbre philosophe Posidonius, dont Cicéron et Pompée vinrent suivre les savantes leçons. A l'entrée de son port s'élevait le colosse de bronze, gigantesque statue d'Apollon, de 70 coudées (33 mètres) de hauteur, renversé, après 56 ans d'existence, par un tremblement de terre. Au moyen âge, du commencement du xive siècle au commencement du xvie, elle fut possédée par les Chevaliers de Saint-Jean de Jérusalem, qui prirent le nom de *Chevaliers de Rhodes*. Cet ordre religieux et militaire, qui compte tant d'hommes illustres, tant de héros et de vaillants capitaines, y construisit des églises, des palais, des monuments, des fortifications, dont les tours et les murailles crénelées se déployaient devant nous, au bord de la mer, dans toute leur primitive étendue. Par-dessus ces créneaux, nous apercevions des moulins à vent, des minarets, des édifices, des maisons, s'élevant en amphithéâtre, au milieu de jardins et de massifs de grands arbres, indice d'une riche et plantureuse nature. Quelle contrariété de ne pouvoir pas visiter cette ville de tant de souvenirs, étudiée et décrite par notre parent Victor Guérin, et dont quelques maisons portent encore, sculptées sur leurs façades, les armoiries des principaux Chevaliers. Mais le paquebot partait à 7 heures. Depuis le sultan Soliman II, vainqueur des Chevaliers en 1522, Rhodes appartient aux Turcs.

Oublions maintenant le désagrément de n'avoir pu descendre à Rhodes, et savourons sans arrière-pensée notre journée du 3 novembre ; elle fut une des plus belles de tout notre voyage. Le temps était splendide, la mer d'un calme parfait ; aucun souffle ne troublait, n'altérait sa surface bleue, transparente, unie comme un miroir. La chaleur avait diminué, c'était, dans une atmosphère d'une idéale pureté, la douce et tiède température d'un mois de mai. Nous naviguions dans l'archipel de la mer Egée, ou mer Icarienne, dans laquelle fut précipité Icare, fils de Dédale ; la mer

n'était plus qu'une suite de canaux ou de détroits,
serpentant au milieu du fameux groupe des îles Spo-
rades, ayant toutes un nom dans l'histoire, et offrant
aux yeux les perspectives les plus riantes, les plus
pittoresques et les plus variées.

A droite, ce sont les côtes et les montagnes de la
Caramanie; à gauche, c'est la petite île de *Cos*, patrie
d'Hippocrate, le *Père de la médecine*, du célèbre peintre
Appelles et du poète philosophe Épicharme; cette île
nous donne le singulier aspect de jardins, de blanches
maisons, et de rochers bizarres, affectant la forme
d'un phoque et d'une tortue. Plus loin, du même
côté et en face des côtes d'Asie, nous passons devant
l'ancienne ville d'*Halicarnasse*, dans la Doride, actuellement *Bodroun*, patrie d'Hérodote, le *Père de l'histoire*, et de l'historien Denys (d'Halicarnasse). Plus
loin encore, et toujours en regard des côtes de Caramanie, nous stoppons pendant une heure devant la
jolie ville turque de *Léros;* ses blanches maisons en
terrasses sont étagées au fond d'une baie gracieusement arrondie, sur deux montagnes, dont l'une est
couronnée d'un château fort et d'une multitude de
moulins à vent. C'est un délicieux panorama. Puis
voici l'île de Pathmos, dont Victor Guérin a fait une sa-
vante description; c'était, à l'époque romaine, un lieu
de déportation; l'apôtre saint Jean l'Évangéliste rendit
cette île à jamais célèbre; il y fut exilé, 95 ans après
Jésus-Christ, par l'empereur Domitien, et il y écrivit
l'Apocalypse, avant de retourner à Ephèse, dont il fut
le premier évêque. Nous relâchons pendant la nuit

devant l'île et la ville de *Chio*, qu'un étroit canal sépare de la côte d'Asie.

Le 4 novembre, vers midi, nous sommes en vue de
*Smyrne*, le paquebot traverse son golfe immense; il
entre et s'arrête dans le port. Le panorama de cette
ville de 200,000 âmes, située en Anatolie, province de
la Turquie d'Asie, est un des plus magnifiques et des
plus grandioses qu'on puisse se figurer. La ville s'élève
en amphithéâtre sur le versant septentrional du mont
*Pagus;* elle représente un gigantesque triangle dont
la base, baignée par la mer, est un quai de 6 kilomètres
de longueur, sillonné par des tramways, et bordé
d'hôtels, de cafés, de théâtres, de comptoirs de banque... C'est le quartier du grand commerce, c'est en
même temps la promenade du soir. Les deux côtés
et le sommet du triangle sont formés par les quartiers
inférieurs et d'en haut, échelonnés sur le mont Pagus;
les maisons, les villas, les jardins s'éparpillent sur les
vastes flancs de cette montagne, dont la cime est un
pèlerinage consacré par le martyre de saint Polycarpe,
l'an 167 de Jésus-Christ.

Le port de Smyrne, le plus important de l'Asie Mineure, centre d'un commerce immense, encombré des
navires de toutes les nations, n'existe que depuis
dix ans. Il a été pris sur la mer, et formé par de
colossales jetées, assez solidement établies et assez
étendues pour que les navires, quels que soient leur
nombre et leur tonnage, y soient parfaitement en
sûreté. Cet immense ouvrage, ainsi que le quai de
6 kilomètres de longueur, est l'œuvre de trois Français,

dont nous sommes heureux de dire les noms; ce sont les trois frères *Dusaux*, de Marseille; ils ont entrepris, à leurs risques et périls, ce double et gigantesque travail, et l'ont mené à bonne fin. C'est depuis lors que les développements de Smyrne ont été si rapides et si considérables.

Nous avions déjà visité cette ville l'année précédente au mois de juin 1887, ainsi que le raconte la huitième série des *Vacances d'un médecin;* nous serons donc cette année sobre de détails. Profitant des quelques heures de relâche du paquebot, nous y fîmes une simple promenade. Une barque nous mène à la douane, et sous la conduite d'un guide nous nous mettons en marche, en suivant le grand quai. C'est dimanche, il est midi et demi environ; nous rencontrons de nombreux groupes *endimanchés* d'hommes et de femmes élégantes, en toilettes parisiennes, des livres pieux à la main. On vient de la messe, on sort de l'église des Dominicains.

Nous gagnons l'hôpital français; notre drapeau national flotte au-dessus de la porte; nous y sommes reconnu par la Sœur supérieure, et nous y revoyons le beau jardin planté d'orangers et de lauriers-roses. Nous parcourons de grandes rues, dont la chaussée est dallée de larges pierres de granit; le premier étage des maisons, comme à Troyes autrefois, fait une avance sur le rez-de-chaussée. Un deuxième drapeau français nous annonce l'*asile de la Providence*, fondé en 1810, et desservi par vingt-cinq Sœurs de Charité; nous entrons : des Religieuses président, dans

une grande cour, aux jeux d'une foule de petits enfants.
Nous aimons la blanche cornette des Filles de Saint-
Vincent de Paul, elle ressemble aux blanches ailes de
la colombe : c'est comme un abri, comme un doux
sourire pour l'abandon, la misère et la souffrance ;
c'est l'emblème de tous les dévouements, de toutes
les tendresses, de tout ce que Dieu a mis de meilleur
au cœur de l'humanité. Tandis que certains oiseaux
bienfaisants sont protégés contre toute atteinte, il y a
des hommes qui chassent les Sœurs de charité!!... La
malédiction du pauvre est leur premier châtiment.

Plus loin, un troisième drapeau français nous
signale le *collège de la Propagande*, tenu par douze
Lazaristes ; nous entrons : un des Pères nous reçoit,
et sans nous être jamais vus, nous nous embrassons, en
bons compatriotes : un nombre considérable d'élèves
défile devant nous, avec le même uniforme que nos
lycéens. Dans deux autres rues, deux autres drapeaux
français sont encore déployés, à l'entrée de deux
grandes églises catholiques, la cathédrale *Saint-Jean-
l'Évangéliste*, et *Saint-Polycarpe*. C'est ainsi que nos
congréganistes nous ont, en quelque sorte, conquis
l'Orient, en y fondant une multitude d'écoles, d'églises,
d'institutions charitables et littéraires, en y vulgari-
sant notre langue, aussi couramment parlée qu'à
Paris; c'est ainsi qu'en se promenant, un dimanche,
dans les rues de Smyrne, on pourrait se croire dans
une ville française, plutôt que dans une ville turque;
et, comme récompense, notre gouvernement républi-
cain les persécute, et les expulse!!..... Nous verrons,

dans le chapitre suivant, quels sont, au point de vue
des intérêts et de l'influence de la France en Orient,
les résultats de cette politique, non moins inepte
qu'anti-française. Que n'aurions-nous pas à dire encore
du magnifique établissement des *Religieuses de Notre-
Dame-de-Sion*, d'une tenue, d'une organisation si
bien comprises et si parfaites ? Les jeunes filles les
plus distinguées de l'Asie Mineure et des îles de
l'Archipel y reçoivent l'éducation française la plus
soignée. Nous l'avons visité, sous la conduite de la
même Supérieure qui, l'année précédente, nous avait
si gracieusement accueillis à Constantinople, ainsi
que nous l'avons raconté dans la huitième série des
*Vacances d'un médecin*.

Après cette excursion si intéressante, de trois heures
environ, nous regagnons notre paquebot ; nous y
apprenons qu'en raison de la grande quantité de
marchandises à charger et à décharger, le départ
n'aura lieu que le lendemain. Notre journée se termine
sur le pont, à contempler le panorama de Smyrne,
l'animation du port, le mouvement du grand quai.

Le lundi 5 novembre, à deux heures après midi
seulement, l'*Apollo* lève l'ancre. A peine étions-nous
en marche, qu'une jeune dame nous aborde et nous
salue de notre nom ; c'est une des demoiselles *Filippucci*, de Mételin, avec lesquelles, l'année dernière,
nous avions eu déjà le plaisir de naviguer sur ce
même paquebot, de Mételin à Smyrne, et ensuite sur
le *Jupiter*, de Smyrne au Pirée ; elle était avec son
père ; un heureux hasard nous faisait encore rencon--

trer cette famille aimable et distinguée, avec laquelle, de Smyrne à l'île de Mételin, où elle habite, nous eûmes la conversation la plus intéressante ; nous en avons le meilleur et le plus affectueux souvenir.

Sortis du golfe immense, au fond duquel Smyrne se déploie en si imposante et si magnifique perspective, nous apercevons à gauche, sur la côte ionienne de l'Asie Mineure, les ruines de la ville de *Clazomène*, où, 500 ans avant Jésus-Christ, naquit le philosophe Anaxagore. A dix heures du soir, nous relâchions devant Mételin, l'ancienne *Mitylène*, ville capitale de l'île de Mételin, l'ancienne *Lesbos ;* nous eûmes le regret d'y quitter M. et M^lle Filippucci.

Le 6 novembre, à midi, nous faisons une courte station devant *Ténédos*, petite ville à la base d'un rocher, sur la côte d'Europe, en face de la côte d'Asie, de la Troade et du promontoire de *Sigée*, où deux tumulus nous indiquent les tombeaux d'Achille et de Patrocle. C'est de Ténédos que partirent ces deux énormes serpents, que Virgile nous montre dans ses admirables vers, traversant à la nage le détroit, se jetant sur Laocoon, grand prêtre d'Apollon, au moment où il faisait un sacrifice à Neptune, et sur ses deux fils, les mordant, les inondant de leur bave, de leur venin, les étreignant, les étouffant de leurs replis, de leurs anneaux monstrueux ; effroyable tableau, dont le marbre du Vatican a su nous retracer, avec un art incomparable, la magnifique et sublime horreur.

Pour la troisième fois, nous revoyons les deux villes fortes de *Sestos* et d'*Abydos*, sentinelles avancées et gardiennes de l'entrée des Dardanelles; nous nous engageons dans ce détroit si fameux, qui baigne les plaines de la Troade *et campos ubi Troja fuit...* arrosées par le *Simoïs* et le *Scamandre*, descendus l'un et l'autre des hauteurs du mont Ida, et mêlant leurs eaux, pour se déverser ensemble dans ces poétiques Dardanelles, l'Hellespont des Anciens.

Le 7, au matin, nous sommes en pleine mer de Marmara, et bientôt un des plus splendides panoramas que l'on puisse rêver ravit, enchante nos yeux : voici, dans le lointain, Constantinople, la *Reine de l'Orient*.

Voici, sur notre droite, *les îles des Princes*, qu'au mois de juin de l'année précédente nous avons visitées, avec notre ami M. Dufrénoy (voir la huitième série des *Vacances d'un médecin*); voici *Stamboul*, et la pointe du Sérail, qui émergent, comme un décor fantastique, des eaux bleues de la mer de Marmara, défendus par la triple enceinte crénelée des murs de Justinien et par le *château des sept tours;* voici la mosquée de *Soliman le Magnifique*, avec ses six minarets et sa coupole; voici les quatre minarets et la *coupole de Sainte-Sophie*, la *Tour du Séraskier*, le palais, et les jardins de la *Sublime Porte et du Sérail!* Et quand nous avons doublé cette pointe *du Sérail*, unique au monde, quelle perspective idéale et féerique! à droite, c'est la ville de *Scutari*, qui s'élève et s'échelonne sur le versant du mont Boulgourlou ; plus loin, c'est le Bosphore, avec les kiosques des Pachas, et les palais de marbre des Sultans, qui bordent ses rives; à gauche, c'est la *Corne d'or*, ce golfe éblouissant, que

couronnent les hauteurs circulaires de Stamboul, de
Péra, de Galata, toute une forêt de tours, de coupoles,
de minarets, tout un amphithéâtre de palais, de casernes, de maisons bariolées de toutes les couleurs.

Il était onze heures quand l'*Apollo* jetait l'ancre
dans la *Corne d'or*. Au milieu de la tourbe, de la
cohue de barques qui se pressent, se heurtent, se
bousculent autour de lui, nous distinguons le drapeau de l'agence Cook, prévenue de notre arrivée, et
venant nous débarquer. Cette agence, dont nous ne
saurions trop redire les prévenances et l'habile organisation, sait, par son prestige et par le talisman d'un
*batchich*, nous éviter les ennuis de la douane ; une
voiture est là, et nous partons pour l'*hôtel d'Angleterre*, à Péra.

Lorsqu'on a vu les rues du Caire et de Damas, celles
de Constantinople n'offrent plus guère d'intérêt : nous
les revoyons, du reste, pour la troisième fois ; mais ce
qu'on ne revoit jamais assez, à Constantinople, c'est
*Sainte-Sophie* ; une voiture nous y mène. En descendant de Péra, des échappées de vue sur le Bosphore et
sur la Corne-d'or nous ravissent ; nous traversons le
pont de la *Sultane-Validé*, où, le soir, au coucher du
soleil, les yeux sont éblouis par les rayons de feu qui
s'échappent de toutes les fenêtres de Scutari, *Chryso-
polis*, la ville aux reflets d'or. Nous gravissons les rues
de Stamboul ; en passant devant la Banque ottomane,
nous saluons M. Cuinet ; et bientôt nous entrons dans
Sainte-Sophie, toujours plus belle, plus immense,
plus étonnante, plus merveilleuse, à mesure qu'on la

revoit davantage. Au retour, nous revoyons la grande place de l'*At-Meïdan*, l'obélisque de Théodose, la tour du Séraskier, et nous regagnons l'hôtel.

Nous sommes dans un climat septentrional, relativement à celui que nous quittons, et tout différent de l'Egypte, de la Palestine et de la Syrie; le ciel est couvert de nuages; la température s'est refroidie, il pleut, c'est la première fois depuis que nous avons quitté Paris. A sept heures du soir, après avoir de nouveau tout réglé, jusqu'à Paris, avec l'agence Cook, nous partons, emportant un panier de provisions, car nous allons parcourir un pays dénué de toute ressource; nous prenons le chemin de fer nouvellemen inauguré, et direct, de Constantinople à Buda-Pesth.

Pendant la nuit, nous traversons la Roumélie, province de la Turquie d'Europe. Le 8, à sept heures du matin, nous sommes en *Bulgarie*, pays plat, fertile, arrosé par la *Maritza*, large rivière que nous côtoyons; le temps est mauvais; il tombe une neige fondue glaciale : tout ce que nous voyons nous rappelle la Russie ; les paysans ressemblent aux *Moujicks;* ils ont, comme eux, l'air sale et misérable, une coiffure de peau de mouton noire; pour vêtement une pelisse de laine noire; leurs maisons de pauvre apparence, véritables huttes, nous rappellent les *isbas;* elles sont basses, couvertes de chaume. Les figures, à longue barbe noire, ont un type farouche et quelque peu sauvage. Les terres sont noires comme le ciel, et comme les habitants; les arbres ont une teinte d'automne; leurs feuilles mortes tombent, mêlées à la

neige. Nous passons devant *Philippopoli*, ville importante, sur la rive droite de la Maritza. Vers cinq heures
du soir, station de quelques instants à *Sophia*, capitale
de la Bulgarie.

Nous entrons bientôt dans la région montagneuse
de la Bulgarie, couverte de neige; c'est le commencement de la grande chaîne des Balkans.

La frontière de la Bulgarie franchie, nous sommes
dans la *Serbie;* la voie ferrée gravit et descend les
pentes escarpées d'une nature alpestre, sauvage, de
hautes montagnes, toutes blanches de neige; un froid
glacial nous morfond; tout est gelé, nous le sommes
nous-mêmes; les vitres de notre wagon non chauffé, à
peine éclairé, sont couvertes d'une épaisse couche de
frimas; il y a bien 12 degrés au-dessous de zéro;
heureusement nous avons avec nous, depuis Constantinople, un habitant, un photographe distingué de
Bombay, M. *Vuccino*, d'un entrain, d'une gaieté inta-
rissables, bon vivant et joyeux viveur; il ajoute à notre
réserve ses provisions, ses spiritueux, et tous les
trois, convives improvisés, nous demandons à des
toasts répétés et généreux la chaleur qui nous fait
défaut... Le jour arrive; la Serbie, avec ses montagnes neigeuses, est dépassée; nous voici dans la
Hongrie; c'est toujours l'hiver, et un rude hiver, tout
est blanc; des plaines de neige s'étendent de tous
côtés à perte de vue; nous les traversons à toute
vapeur, et bientôt, à ces perspectives monotones et
glacées, succèdent d'autres aspects. Les blés en herbe
nous réjouissent les yeux de leur tendre verdure;

c'est le printemps après l'hiver. En quelques jours et presque dans la même semaine, les quatre saisons nous ont fait sentir leurs influences et leurs contrastes. Le 1ᵉʳ novembre, jour de la Toussaint, à Chypre, c'est le mois de juillet, avec 35 degrés de chaleur; le 8, dans les plaines de la Bulgarie, ce sont les froides pluies d'automne, avec la chute des feuilles; le même jour et le lendemain, dans les Balkans, et à travers les montagnes de la Bulgarie et de la Serbie, c'est le mois de janvier, avec ses neiges et ses glaces, et 12 degrés de froid; dans les plaines de la Hongrie, c'est le printemps, avec sa douce température, et les blés qui poussent.

Le même jour, à 2 heures après midi, nous arrivons à *Buda-Pesth*, à l'hôtel *de Hongrie*, hôtel de premier ordre, excellent, sur le bord du Danube; vue superbe de ce large fleuve et de la ville de Bude, qui s'élève sur sa rive droite, en amphithéâtre, couronnée par le château royal. Promenade en voiture dans les belles et grandes rues de Pesth, et dans son jardin public; nous passons le pont du Danube, pour gagner les hauteurs de Bude et jouir du vaste et magnifique panorama des deux villes, séparées seulement par le cours imposant du fleuve.

Le 10, à 10 heures du matin, départ de Pesth; en allant à la gare, nous traversons une place, ornée d'une colonne que surmonte une statue de la sainte Vierge, et sur le piédestal de la colonne nous lisons :

*Patrona dela Hongria,*
*Ora pro nobis.*

La gare est un luxueux monument. Ses vastes et riches galeries, décorées de peintures murales, sont soutenues par des colonnes de marbre. Nous montons dans l'*Orient-express* de Strasbourg. A 4 heures, nous sommes à Vienne, où le train s'arrête, une heure ; et le lendemain dimanche, 11 novembre, à 9 heures du matin, nous descendons à *Strasbourg*. C'est la fête de la *Dédicace ;* nous assistons aux offices de la cathédrale, qu'on ne saurait trop revoir et trop admirer ; le portail et la tour pyramidale sont d'inimitables chefs-d'œuvre d'élégance, de hardiesse et de grandiose majesté ; tout le pourtour extérieur est d'une richesse de sculpture qui rappelle les cathédrales de Cologne et de Ratisbonne. Mais le chœur semble lourd, écrasé, et manque de perspective, au bout de la nef et des latéraux, du xiv$^e$ siècle, éclairés par de splendides verrières, et dont les ogives, plus légères et plus élancées, s'élèvent à une hauteur qui dépasse le plein cintre de ses voûtes du xii$^e$ siècle. C'est dans le transept du côté droit, que se trouve la fameuse horloge devant laquelle, au milieu d'une foule compacte, nous avons assisté au curieux spectacle que reproduit tous les jours et à la même heure son ingénieux mécanisme. A midi sonnant, les douze Apôtres apparaissent successivement du côté droit, ils s'avancent lentement, défilent, l'un après l'autre, devant Jésus-Christ debout au centre, et disparaissent du côté gauche, pendant que les douze coups de midi sont frappés sur la cloche ; puis un gros coq, perché à gauche, bat bruyamment des ailes, et chante trois fois. Trois ans auparavant, à *Prague*, l'horloge de l'hôtel de ville nous avait donné une exhibition du même genre, conçue d'après un autre plan, représentant un autre sujet, mais non moins extraordinaire (voir la sixième série des *Vacances d'un médecin*).

Dans la petite église de Saint-Thomas, affectée au culte protestant, nous visitons le tombeau du *Maréchal de Saxe*, chef-d'œuvre de Pigalle, surnommé le *Phidias français*. Ce magnifique et monumental tombeau s'élève au fond de l'église, à la place du maître autel ; l'illustre vainqueur de Fontenoy et de Rocoux, en 1745 et 1746, où les Anglais, les Autrichiens, les Hollandais, coalisés contre la France, étaient commandés par le duc Charles de Lorraine, est représenté revêtu de ses insignes de Maréchal de France ; il descend noblement, et d'un pas ferme, les degrés de la vie, qui le mènent à la tombe, ouverte sous ses pieds. La *France*, personnifiée par une femme éplorée, s'efforce de le retenir sur cette pente fatale, et de le disputer à la mort.

Ce tombeau est un de ceux qui nous ont fait la plus vive impression ; nous le plaçons, dans nos souvenirs, et dans notre admiration, à côté de celui de *Canova*, dans l'église des *Frari*, à Venise, où le deuil, la désolation sont figurés de la manière la plus poétique et la plus touchante, sous les traits d'une femme accablée par la douleur, qui porte une couronne au tombeau du grand artiste.

C'est le cœur navré que nous avons parcouru les rues de cette malheureuse ville de Strasbourg ; nous l'avions visitée autrefois, dans des temps meilleurs ;

elle était alors française ! Louis XIV l'avait conquise en 1681 ; le traité de Ryswich, en 1697, nous en avait assuré la possession. Quand nous serons sortis de tous nos énervements révolutionnaires, puisse un autre Louis XIV s'en emparer de nouveau ! et puisse un autre traité de Ryswich nous la rendre pour toujours ! Cette espérance se réalisera quelque jour, nous en avons la douce confiance. Sous la domination allemande, Strasbourg s'appauvrit, dépérit, se dépeuple ; nous y avons trouvé partout le sentiment et la tristesse de l'oppression, un regret inconsolable du passé, l'amour de la France, la haine de l'Allemagne.

A 6 heures du soir, nous prenons le train express de Paris, où nous rentrons le lundi 12 novembre, à 6 heures du matin, après deux mois, jour pour jour, d'absence, et douze jours après notre départ de Beyrouth.

DE L'INFLUENCE DE LA FRANCE EN ORIENT

# DE L'INFLUENCE DE LA FRANCE EN ORIENT

La France, à toutes les époques de son histoire, ne cessa d'avoir les yeux tournés vers l'Orient, qui exerçait sur elle un irrésistible attrait, dont elle avait fait comme une de ses dépendances, et comme le plus beau rayonnement de sa puissance et de sa souveraine suprématie. Sans remonter plus haut que le xi° siècle, nous la voyons, pendant deux cents ans, de 1096 à 1270, y faire ces huit grandes et glorieuses expéditions, qu'on appelle les Croisades; elle ne les fait pas seule, mais elle en est l'âme et l'inspiratrice; ses prêtres, Pierre l'Ermite, Foulques, curé de Neuilly, saint Bernard, en sont les apôtres et les prédicateurs; elle y envoie ses Rois, Louis VII, Philippe-Auguste, saint Louis, ses armées, ses Princes, ses Chevaliers, ses plus vaillants hommes de guerre, Charles d'Anjou, frère de saint Louis, Hugues de Vermandois, Robert, duc de Normandie, Raymond de Toulouse, Guy de Lusignan, Villehardouin, sénéchal de Champagne, et tant d'autres. Au xi° siècle, un royaume chrétien est fondé en Palestine, Godefroy de Bouillon en est le Roi, et Jérusalem la capitale. L'île de Chypre, au xii° siècle, devient aussi un royaume, dont la couronne est déférée à Guy de Lusignan, seigneur français du Poitou, et ses descendants conservent cette couronne jusqu'en 1570. Jaffa, que saint Louis entoure de fortifications, et plusieurs autres villes et territoires sont érigés en principautés chrétiennes. Au XIIᵉ siècle, un Français natif de la Provence, Gérard Tom, fonda, à Jérusalem, l'ordre des *Hospitaliers*, appelés aussi *Chevaliers de Saint-Jean de Jérusalem*, et plus tard, *Chevaliers de Rhodes*, et *Chevaliers de Malte*. Cet ordre célèbre, à la fois religieux et militaire, créé pour protéger les pèlerins en Terre sainte, après diverses vicissitudes, s'établit dans l'île de Rhodes, au commencement du XIVᵉ siècle, et il y règne en souverain jusqu'au milieu du XVIᵉ, époque à laquelle Charles-Quint lui donne l'île de Malte.

Quand ces royaumes et ces principautés furent successivement détruits par les musulmans, la France n'en resta pas moins, pour l'Orient, comme une sentinelle vigilante, à un poste d'honneur. Si elle n'y régnait plus directement, ou indirectement par l'intermédiaire de gouvernements établis par elle, et dont elle inspirait et dirigeait les actes, son influence et sa renommée y étaient, du moins, défendues fidèlement par les ordres religieux qui servaient ses intérêts, confondus et identifiés avec les intérêts du christianisme.

Au XIIIᵉ siècle, saint François d'Assise institua l'ordre des *Franciscains*, qui se multiplia et fit de rapides progrès en France ; il s'y divisa en plusieurs Communautés distinctes d'hommes et de femmes, de noms différents, *Récollets, Cordeliers, Minimes, Capu-*

.cins, *Capucines*, *Clarisses*, qui se dispersèrent dans tout l'Orient, dans la Palestine principalement, où elles fondèrent des écoles, des hôpitaux, des maisons de refuge et de secours pour les pèlerins et les voyageurs.

Les Franciscains, en raison de leur nombre, de l'importance de leurs services, de leurs ressources, de leur valeur personnelle, furent nommés *Gardiens du Saint-Sépulcre*, et *Pères de la Terre Sainte*. Dans le même siècle, saint Dominique établissait à Toulouse l'ordre des Dominicains, ou *Frères prêcheurs*. Au XVIIe siècle, saint Vincent de Paul fondait, pour les hommes, la communauté des *Lazaristes*, et pour les femmes, celle des *Sœurs de la Charité*, en même temps que Jean-Baptiste de la Salle, chanoine de Reims, instituait l'ordre des *Frères des Écoles chrétiennes*. Toutes ces différentes communautés d'hommes et de femmes débordèrent de la France, et se répandirent dans les diverses provinces de l'Orient; elles y importèrent et y vulgarisèrent notre civilisation, notre langue. Soutenues et protégées par le gouvernement de nos Rois *très Chrétiens,* elles étaient, par cela même, favorablement accueillies par les Orientaux, à qui elles apprenaient à connaître, à respecter la France, à accepter sa puissance d'expansion, et son influence prépondérante.

Ainsi quand ce ne fut plus par le nombre et la vaillance de ses hommes de guerre que la France imposa à l'Orient sa suprématie sur les autres puissances européennes, ses ordres monastiques des deux sexes furent ses infatigables pionniers, et continuèrent,

par leurs travaux, leur science, leur dévouement au
bien public et leurs services rendus, sans distinction
de religion, aux musulmans comme aux chrétiens,
l'œuvre nationale, française et civilisatrice, que ses
armées, en d'autres temps, avaient glorieusement
commencée.

Les expéditions de 1798 et 1799 du général Bonaparte, accompagné de ses lieutenants Kléber, Desaix,
Murat, Junot, et d'une pléiade de savants, en Égypte
et en Palestine, les victoires des Pyramides, d'Aboukir,
du mont Thabor, de Nazareth, d'Héliopolis, donnèrent,
dans tout l'Orient, un nouveau prestige à la France,
et toutes les gloires de l'empire ne firent qu'en aug-
menter l'éclat.

La prise d'Alger, par le maréchal de Bourmont,
en 1830, à la fin du règne de Charles X, et ensuite,
la conquête de l'Algérie, réalisée pendant le règne de
Louis-Philippe, par le maréchal Bugeaud, si vaillam-
ment secondé par les princes d'Orléans, par le duc
d'Aumale, en particulier; des voyages à grand reten-
tissement, et qui devaient rester célèbres, montrèrent
à l'Orient que la France n'avait pas cessé d'être la
grande puissance européenne.

Sous Napoléon III, la France ne perdit rien de son
prestige en Orient; le canal de Suez, creusé par
M. de Lesseps, malgré le mauvais vouloir de la Turquie, et la jalousie de l'Angleterre; la campagne de
Crimée et la prise de Sébastopol; le débarquement,
en Syrie, d'une armée de six mille hommes, sous les
ordres du général de Beaufort, à l'époque du mas-

sacre des Chrétiens par les Druses; le voyage triomphal de l'Impératrice Eugénie en Égypte et à Constantinople, la présence officielle, dans tout l'apparat de la souveraineté, à Paris, à la cour de l'Empereur, du Sultan, et de toutes les têtes couronnées de l'Europe, à la clôture de l'Exposition universelle, furent autant de faits qui affirmaient la puissance, la splendeur de la France, en même temps que sa volonté bien arrêtée de continuer à exercer sur l'Orient toute son influence, et d'y maintenir sa préséance traditionnelle.

Ainsi, depuis les Croisades, la France avait toujours eu en Orient un prestige que rien n'avait jamais affaibli, uue influence sans égale, et qui n'avait jamais été constatée; elle y était, de toutes les grandes puissances, la plus connue, la plus aimée, la plus respectée; sa langue y était couramment parlée, vulgarisée, et presque la langue indigène: sa préséance sur tous les autres Etats y était un fait admis; elle y était la première dans toutes les cérémonies publiques; ses Consuls marchaient les premiers, étaient les premiers à recevoir les honneurs; ils avaient le pas et la primauté d'honneur, sur tous les autres Consuls.

Tel était l'état des choses jusqu'à l'avènement de notre gouvernement actuel. Par sa faiblesse, son incapacité, son ignorance des questions diplomatiques orientales, et absorbé d'ailleurs par de mesquines et personnelles considérations, il n'a pas su conserver à la France son prestige séculaire, son glorieux rang, sa suprématie traditionnelle; il l'a laissée déchoir.

La déchéance actuelle de la France, dans tout l'Orient, est un fait malheureusement incontestable ; nous en avons été si douloureusement impressionnés en Égypte, en Palestine, en Syrie, comme dans les îles de l'archipel, que nos cœurs français se refusaient à y croire ; nous avons tenu à être renseignés, de la manière la plus sérieuse et la plus positive, sur un sujet aussi grave. Or, les personnes les plus compétentes nous ont confirmé la triste vérité de cette déplorable et trop réelle déchéance, dont elles nous ont indiqué les causes principales, trop évidentes, du reste, pour ne pas être appréciées à première vue.

Les Orientaux aiment tout ce qui a de l'éclat, tout ce qui brille par le nom, la naissance, les hauts faits accomplis ; ils aimaient nos grandes dynasties Royales, qui avaient élevé la France au premier rang de toutes les nations ; ils aimaient les Napoléons, dont la renommée avait retenti dans tout l'univers, ils en ont conservé un souvenir d'enthousiasme toujours vivant. Or, chez nos gouvernants actuels, ils ne trouvent rien de semblable ; ce sont des hommes nouveaux, inconnus, sans passé, sans titre nobiliaire, sans durée, sans fixité, occupés surtout à se renverser les uns les autres, et disparaissant après quelques mois, pour rentrer dans le néant, d'où ils étaient sortis. Avec de pareils représentants, le prestige de la France s'est évanoui en Orient.

Les Orientaux sont essentiellement religieux ; tout en étant fanatiques pour leur religion, ils détestent et méprisent ceux qui n'en ont aucune ; or, nos gouvernants sont dans ce cas ; tandis qu'ils se déconsidèrent, et perdent tout crédit en Orient, par leur absence complète de tout culte religieux, les autres nations, qui nous supplantent, ne manquent pas, dans toutes les occasions, de faire hautement profession de leur foi religieuse. Ainsi dans le dernier voyage que les princes Russes firent en Palestine, pendant que nous y étions nous-mêmes, ils ont, à Jérusalem, pieusement vénéré le Saint-Sépulcre, et présidé à la dédicace solennelle d'une église nouvellement construite ; et, à Nazareth, bien qu'appartenant à la religion schismatique grecque, ils sont allés s'agenouiller, et faire leurs dévotions dans l'église catholique de l'*Annonciation*.

Nous avons dit que, depuis les Croisades, depuis surtout la destruction des établissements chrétiens, par la domination musulmane, l'influence française s'était maintenue et perpétuée en Orient par nos congrégations d'hommes et de femmes ; elles y arrivaient sous l'égide de la France, où elles avaient leur racine et leur appui ; on savait qu'en France, elles étaient respectées, honorées, investies de la confiance des pouvoirs publics, des plus hauts personnages, comme de toute la nation ; il n'en fallait pas davantage pour qu'elles fussent accueillies, protégées et recherchées pour l'éducation de la jeunesse ; voilà comment ces congrégations avaient fondé tant d'écoles, comment elles avaient propagé la langue française, la connaissance, le respect, l'amour de la France. Nous disons l'*amour de la France*, car si notre gouvernement actuel a perdu toute considération et toute estime, le peuple français n'en reste pas moins, par son caractère, le plus sympathique et le plus aimé de tous les peuples.

Maintenant que non seulement ces mêmes congrégations ne sont plus soutenues par la France, mais qu'on les sait en plein discrédit, persécutées, dépossédées, chassées ; alors, par cela même, elles sont moins en faveur, repoussées même, et quelquefois victimes de procédés agressifs ; et quand nos Consuls portent plainte et adressent au gouvernement ottoman leurs justes réclamations, on leur répond (nous le savons de source certaine) : *Pourquoi nous demandez-vous de protéger vos congrégations, quand, vous-mêmes, vous n'en voulez plus, quand vous les repoussez ?.* — Pendant ce temps-là, les étrangers, les Russes, les Italiens, les Allemands, profitent de la situation ; ils s'emparent habilement de l'influence qui nous abandonne ; ils se glissent, s'insinuent dans les postes que nous occupions seuls, où nous étions les maîtres, et que nous perdons. Avant peu les Russes seront tout-puissants à Jérusalem ; la Ville Sainte, où la France, autrefois la *fille aînée de l'Église,* était la première de toutes les nations, sera une ville russe. Les Russes y ont construit tout un quartier, deux magnifiques églises, un hôpital, d'immenses hôtels pour loger leurs pèlerins, leurs nationaux ; le clergé russe est de plus en plus nombreux, et sa morgue, ses exigences s'accroissent tous les jours, à mesure qu'il se sent plus en vogue et plus maître du terrain. De nombreuses colonies allemandes et italiennes se rencontrent dans la Palestine et dans la Syrie. Voilà quelques-unes des conséquences de nos laïcisations, aussi odieuses qu'elles sont contraires à toute morale, à toute justice, et pour ce qui regarde l'Orient, anti-nationales, anti-françaises.

Des faits d'une toute autre nature expliquent et démontrent encore l'effacement de la France en Orient. En 1878, notre gouvernement a laissé les Anglais s'établir dans l'île de Chypre ; ils y sont si bien les maîtres, qu'ils ne permettent pas à notre consul d'expédier, à Paris, les divers objets d'art que ses fouilles lui ont fait découvrir. Ainsi cette grande île de Chypre, qui, pendant trois cents ans, avait été gouvernée par la dynastie française des Lusignan, est devenue une possession anglaise.

Quatre ans plus tard, en 1882, le ministère Freycinet laissait encore les Anglais bombarder Alexandrie et s'emparer de l'Égypte. Ils occupent maintenant, en souverains, ce pays si riche, encore tout retentissant de nos victoires, où le nom de *Napoléon* est resté populaire, où nos savants, nos archéologues, les Champollion, les Mariette-Bey ont fait de si admirables découvertes, où M. de Lesseps a su accomplir une des plus grandes œuvres, sinon la plus grande, de ce siècle ; nous les avons vus partout : ils occupent, au Caire, les belles casernes riveraines du Nil ; leur musique donne, le soir, des sérénades, au jardin de l'Esbéquieh, et à la promenade du Gésireh ! ils ont dépossédé tous les Français qui exerçaient des fonctions administratives, pour les remplacer par leurs nationaux. Quelque temps auparavant, ces mêmes Anglais devenaient les premiers, les plus forts actionnaires du canal de Suez, en ajoutant, à toutes celles qu'ils avaient déjà, les cent soixante mille actions, offertes d'abord à la France par Ismaïl Pacha, et que la République n'avait pas osé accepter!

Voilà à quel degré d'effacement, et par quelle série de fautes successives, notre république a laissé tomber la France en Orient! Fasse le Ciel qu'une autre politique la relève bientôt de ses abaissements extérieurs, et ramène dans son sein le calme, la concorde et tous les apaisements dont elle a si grand besoin! Puissent d'autres hommes lui rendre toutes les libertés, le respect de tous les droits, de toutes les convictions, et comprendre enfin les devoirs qu'imposent à ceux qui gouvernent, les deux termes, étroitement unis et inséparables l'un de l'autre, de cette belle devise : DIEU et PATRIE !

FIN.

# TABLE DES MATIÈRES

FIN DE LA TABLE DES MATIÈRES.

3138-89. — CORBEIL. Imprimerie CRÉTÉ.